EDUCAR EDUCANDOSE

PEDAL 35

LOUIS EVELY

EDUCAR
EDUCANDOSE

DECIMA EDICION

EDICIONES SIGUEME - SALAMANCA - 1980

Tradujo Jorge Sans Vila sobre el original francés
Éduquer en s'éducant

Cubierta: Luis de Horna

© E. Evely, 1967
© Ediciones Sígueme, 1967
Apartado 332 - Salamanca (España)
ISBN: 84-301-0061-X
Depósito legal: S. 268-1980
Printed in Spain
Imprime: Industrias Gráficas Visedo
Hortaleza, 1 - Salamanca

Los groenlandeses no se preocupan de la educación de sus hijos y sin embargo no se dan entre ellos disputas ni gritos.

Todos los hijos obedecen escrupulosamente, son naturalmente buenos y están dispuestos a prestar ayuda. El ejemplo de los padres influencia y guía el desarrollo de su carácter.

Esas cualidades ¿son innatas a su raza? De ninguna manera. Los huérfanos groenlandeses educados por parientes noruegos llegan a ser tan pendencieros como sus padres adoptivos.

NANSENS

CONTENIDO

CONTENIDO

PROLOGO

En enero vino a verme uno de mis alumnos. Andaba buscando un tema «digno» para su tesina (ese trabajo de pre-investigación que exigen la mayoría de las universidades para llegar a la licenciatura).

En tales ocasiones el profesor se convierte con frecuencia en un dependiente de pañería que enseña géneros... y diferencias. El cliente —el alumno— casi nunca sabe lo que busca, pero sí sabe que esto o aquello no le va. La sesión se alarga.

Llevábamos más de una hora de conversación. De repente, quizás por tener junto a mi mesa de trabajo un par de obras del autor, se me ocurrió decirle: «¿Qué te parecería "Aportaciones pedagógicas de Evely"?» Me miró extrañado. No conocía él ninguna obra pedagógica de Evely. ¿Daría para un trabajo de pedagogía el estudio de Una religión para nuestro tiempo, La palabra de Dios, Caminos para la alegría, Fraternidad y evangelio, Dios en tu prójimo, La Iglesia y los sacramentos, Sufrimiento, Enséñanos a orar, Credo...? ¿No sería todo lo más tema para una tesina de teología?

* * *

11

Mi alumno trabaja ahora sobre la pedagogía de Evely.

Al comunicarle hace un par de semanas la próxima aparición de Educar educándose *me contestó que bien, que era una buena noticia, pero que aquella tarde de nuestra conversación había descubierto ya el auténtico filón pedagógico de Evely: su antropología.*

* * *

Cada vez que las leo, me impresionan estas palabras de Maritain:

«Si los medios son buscados y cultivados por amor de su propia perfección, y no solamente como medios, dejan de conducir al fin...

»La supremacía de los medios sobre el fin, y la consiguiente ausencia de toda finalidad concreta y de toda eficacia real, parecen ser el principal reproche que se pueda hacer a la educación contemporánea.

»Sus medios no son malos; al contrario, son generalmente mejores que los de la antigua pedagogía. La desgracia está en que son tan buenos que hacen que se pierda de vista el fin».

Medios, metodologías, tests... Pero ¿para qué?, ¿para quién?, ¿qué es el hombre?

La auténtica historia de la pedagogía avanza por el mismo cauce de la historia de la filosofía. «Si queréis estudiar a fondo la pedagogía, aplicaos a la filosofía; esto me lo aconsejó Paulsen cuando me despedía de él en Berlín» (N. M. Butler).

Es curioso. La inmensa mayoría de pensadores terminan por escribir o inspirar un tratado de educación. Las ideas son semillas. Las semillas tarde o temprano germinan. Siempre.

* * *

¿Qué idea tiene Evely del hombre? Así empezará mi alumno su tesina. Sin tantos por cientos ni gráficas, sin curvas ni percentiles. Pero espero que con mucha' pedagogía.

«Debido a que los físicos no pueden hablar con las estrellas o con la corriente eléctrica, los psicólogos han vacilado muchas veces en hacerlo con los sujetos humanos... Hay psicólogos que admitirían prestamente la realidad de la conciencia o de un sentido del honor si pudieran certificar su presencia en bueyes y gallinas».

Hay educadores que se sumergen y se ahogan en psicologías (animales casi siempre, que no humanas) y no se enteran que el educando no es un animal, ni un animal racional siquiera, sino un hijo de Dios. Educan a un hijo del Rey como educarían (?) a un buey o a una gallina. Porque no hablan con las estrellas, porque no hablan con la Estrella.

«La pirámide que no tiene por vértice el infinito no merece el nombre de pirámide». ¿Qué padre cuando enferma su hijo, llama a un veterinario? El educador que desconoce al Hombre, que no escucha su Palabra, ni enseñará a hablar ni formará hombres.

* * *

Evely cree en Dios, por esto cree en el hombre. Cree en el Amor, por esto habla de la confianza. Cree que Cristo vino a hacernos libres, por eso este libro es una gran oxigenación, por eso obliga a respirar.

Pero cuidado con copiar servilmente el ejemplo concreto de la segunda parte. Evely, profesor y director del colegio de Braine l'Alleud durante muchos años, nos recuerda muy oportunamente estas palabras:

«No rechazamos la tradición. Escuchamos a los que van en vanguardia, consultamos a los maestros, estudiamos a los psicólogos. Pero es precisamente su doctrina la que nos preserva del dogmatismo y es su ejemplo el que nos arranca de la rutina y de la pereza cómoda de seguir haciendo lo que siempre se ha hecho».

Lector, toma y lee. Pero hazlo inteligentemente, con libertad, con humor.

JORGE SANS VILA

Salamanca, 21 de junio de 1967.

14

I

Educación de los hijos
y...
educación de los padres

1

PSICOLOGIA MODERNA
Y EDUCACION DE LOS HIJOS

E L progreso de las ciencias de la naturaleza ha distraído demasiado al hombre del campo principal de conocimiento y de acción: conocerse a sí mismo. El hombre moderno, tan sabio en todo lo otro, se ha convertido de día en día en «ese desconocido» del que habla Alexis Carrel. Menos mal que la psicología actual, haciéndose eco del consejo de la antigua sabiduría: «conócete a ti mismo», se ha puesto a ganar el terreno perdido y demuestra victoriosamente que al hombre le queda mucho por descubrir todavía en sí mismo.

Nuestra alma encierra secretos infinitamente más sorprendentes que los del átomo. Hasta ahora sólo hemos colonizado una pequeña franja de la costa. Vivimos arañando la superficie pero ignoramos sus riquezas mineras, la existencia de un subsuelo extraordinariamente hondo y fecundo.

Así como los sabios modernos han dejado muy atrás las intuiciones de los alquimistas y de los astrólogos antiguos, así también los psicólogos actuales exploran metódicamente las profundidades del alma que los mediums, fakires, yogis y adivinos sólo habían franqueado por efracción o por azar. Trabajo inacabado aún, pero cuyos resultados han trastocado la idea que se tenía del hombre y, por tanto, de la educación. Se abren nuevas posibilidades, a través de revelaciones humillantes e inquietantes.

El hombre moderno ha conocido cuatro humillaciones capitales pero, en cierta manera, liberadoras. La de Copérnico: no es el sol el que da vueltas alrededor de la tierra, nosotros no somos el centro del mundo. La de Darwin: el hombre desciende de los animales. La de Marx: la importancia de lo económico en la historia de la humanidad limita extraordinariamente la historia de los hombres y de las ideas. Freud aplasta nuestro orgullo al mostrarnos la influencia de los instintos y del inconsciente. Un fenómeno psicológico para ser eficaz no tiene por qué ser consciente. El hombre puede moverse por motivos que no alcanza. No es libre. Ha de conquistar su libertad ensanchando el campo de su conciencia. Hace el bien por motivos malos y siempre encuentra motivos excelentes para obrar mal.

Este nuevo descubrimiento nos lleva a preocuparnos de los enfermos mentales, tanto o más numerosos que los enfermos físicos. Del catarro a la lepra hay una infinidad de enfermedades morales, de mutilaciones psicológicas. Hay millones de desdichados aparentemente en buen estado de salud, que no han conocido un desarrollo afectivo, social, sexual. Pero los descubrimientos han de servirnos, sobre todo, para prevenir las enfermedades. Cuando se entera uno, por ejemplo, de que el 53 por ciento de los estudiantes que empiezan los estudios universitarios no llegan a terminarlos, ¿cómo no inquietarse ante la insuficiente preparación moral e intelectual para afrontar las dificultades?

La edad crítica

Los psicólogos hablan de buenas a primeras de la capital importancia de la primera infancia. Las neurosis de los adultos provienen de traumas padecidos generalmente durante los seis primeros años de la vida. Todas esas experiencias no aceptadas, bloqueadas, pero activas, pesan sobre el adulto y le desvían.

La mayoría de los padres desconoce las terribles dificultades que encuentra y ha de vencer el recién nacido. De conocerlas, ninguno de nosotros querría comenzar de nuevo a vivir.

Imaginaos el nacimiento. Ha de ser casi como la experiencia de la muerte: verse expulsado de un estado feliz y pasivo al que se estaba perfectamente adaptado, donde todas las funciones se desarrollaban de la manera más cómoda y más satisfactoria, verse precipitado a un mundo frío, duro, desconocido, que obliga a echar mano de todas las fuerzas para poder sobrevivir, ¿cómo verlo con tranquilidad? Y si la prueba se polariza en un pequeño ser de psiquismo elemental, ¿cómo no comprender que reaccione y se subleve, tema, se enfurezca y busque ansiosamente a lo largo de la vida con inolvidable nostalgia ese asilo maternal, aquel paraíso perdido?

Y no hay sólo un nacimiento: el destete, la pubertad, la adolescencia, la muerte, son progresivos nacimientos. Aprendemos a nacer a lo largo de toda la vida, a lo largo de ella nos sentimos divididos entre una doble polaridad: el afán de proyectarse, el porvenir, ganas de ejercitar nuestras nuevas facultades, ansia de independencia; y por otro lado el afán de permanecer, el recuerdo de las satisfacciones seguras de la pasividad y la sumisión, inclinación a volver a un estado lo más inconsciente y lo más parasitario posible. Recordad todas las ayudas médicas con que se rodea a la madre y al hijo al nacer. ¿Cómo ayudar también psicológicamente a los pequeñines? Precisamente aquí, valga como ejemplo, la psicología moderna ha descubierto que los planes de crianza científica de los niños en centros, concebidos bajo el influjo de teorías puramente higiénicas, no valían nada desde el punto de vista psicológico. Lo que el niño necesita más, al nacer, es afecto y sentirse unido a una persona a la que pueda amar y reconocer.

Pero al bebé le aguardan otras pruebas. Por ejemplo, el nacimiento de otro hermano. Imaginaos, si es que podéis, el estado de ánimo de un niño que hasta aquel momento ha sido el centro de la vida familiar, el orgullo de su madre, el objeto de atención, de admiración, de todos los mimos. Y he aquí que se habla de un posible rival: «Mamá va a tener otro niño pequeño, otra niñita». A veces hasta se ha cometido la torpeza de presentarlo como una amenaza cuando el niño no se porta bien. Pero supongamos que no fue así. Primero le quitan a su madre durante unos días: desaparece ella del hogar. Y cuando regresa, está totalmente ocupada, dedicada, entregada a ese nuevo hijo por culpa del cual el mayor se siente orillado. Todo benjamín renueva la historia de Esaú y Jacob. Y muchas madres son Rebeca. ¿Qué hay de extraño en que el mayor sienta tristeza, envidia, rencor? Si osa manifestar su natural despecho, peor aún: le riñen, le castigan, le aman menos. ¿Cómo extrañarse de que el pobre muchacho no entienda nada, deteste a su rival aunque no lo manifieste, se convenza de que para reconquistar el amor de su madre hace falta hacerse pequeño, volver a mojar las sábanas, dolerse de algo, o volverse difícil para hacerse interesante? En cambio, si se le hubiese preparado, si sus padres le hubiesen ayudado, se encontraría ante una gran ocasión para desarrollarse. Es mejor dejar que manifieste su envidia, comprenderla, hacer todo lo posible para no justificarla, orientar al niño hacia una nueva concepción de su situación familiar: pedirle algunos favores, decirle que con el tiempo el pequeñín llegará a ser como él, felicitarle ahora más que antes por su buena conducta, por su servicialidad, pero sobre todo mostrarle mucho más afecto y atención.

Aun la existencia más integrada y más simple ocasiona traumatismos al niño. Pensad en el drama del primer castigo. Su madre, para el niño, es la persona más amada del mundo. Pues bien, al castigarle, parece que le retira voluntariamente su afecto, que le priva de su presencia. Al furor que siente contra ella se une el miedo a verse separado de ella por más tiempo si prolonga su rebelión. No comprende evidentemente que ella al castigarle le ama ni que obra por su bien. Entonces el universo se le viene abajo. Entra en un mundo detestable y cruel en el que no hay nada seguro, en el que todo puede suceder, en el que lo esencial puede faltar en el momento menos esperado. Amor, odio y miedo, ¿en qué desembocará el conflicto de esos tres sentimientos exacerbados? El tacto de las madres puede atenuar estas crisis, pero ¿quién presumirá de poderlas evitar completamente?

La agresividad

Las anteriores observaciones han subrayado la importancia de la «agresividad», cualidad vital por la que un ser afronta el riesgo, vence los obstáculos y encaja los fracasos. Desconfiad de los niños demasiado buenos: les falta energía. «Es tan amable, tan educado, tan dulce como una niña. Mi pequeño tiene un corazón tan grande... No puede soportar que su mamá sufra». Pues llegará un día que podrá soportarlo, que la apenará, que se desentenderá; tendrá que resistir las dulces palabras implorantes, los ojos llenos de lágrimas, los tiernos reproches. ¿De dónde sacará vuestro hijo suficiente valor? ¿Ha obedecido alguna vez de verdad, si no era capaz de desobedecer? ¿Ha aplicado alguna vez el consejo evangélico de la dulzura si tenía miedo de la violencia? «El niño normal es aquel cuyo coraje ante la vida le preserva lo mismo de una excesiva docilidad que de una cabezonería exagerada» (porque la cabezonería es signo tanto de ansiedad como de debilidad: hace falta mucho coraje para cambiar de manera de pensar y sobre todo para cambiar de carácter y de conducta).

Los niños sin agresividad son fruto de dos causas contrapuestas: los excesivos mimos y la excesiva represión. Los primeros nunca se han enfrentado con las dificultades porque siempre se les ha dado todo hecho sin pedirles nada a cambio. Un niño mimado no es aquel por quien se hace demasiado; nunca se hace demasiado por un niño. Sino aquel a quien nunca se le ha exigido, aquel a quien no se le ha enseñado a devolver en proporción a lo recibido. Será incapaz de soportar la frustración y el fracaso. Los discípulos de Paulov han demostrado que, aun entre monos, se da educación.

Diez monos. Se les pone en fila en una habitación a lo largo de una de las paredes. En el otro extremo de la habitación se coloca un mueble con cajones. En los cajones hay plátanos. A una señal dada por una sirena se suelta a los monos. Pronto descubren los cajones, los abren y devoran los plátanos. Se repite la misma operación muchas veces para acostumbrar a los animales a que corran hacia el mueble desde el momento en que suena la sirena. Sirena-cajón-plátanos, para los monos, es todo uno. Después de cierto tiempo de interrupción se lleva de nuevo a los monos «condicionados» a la misma habitación. Suena la sirena, los monos se lanzan, abren los cajones, ¡y los encuentran vacíos! La mayoría de los animales muestran entonces señales exteriores de un decaimiento nervioso característico. Se desgarran el pecho a golpes. No se mueven. Es la neurastenia.

¡Cuántos niños acostumbrados a encontrar siempre la despensa repleta, cuántos hombres y mujeres a los que nunca ha faltado nada, manifiestan ante la primera decepción los mismos síntomas que los monos de Paulov!

Pero se puede llegar a idéntico resultado por el otro extremo: el niño tratado con excesiva severidad, al que se le ha prohibido todo, al que nunca han dejado en libertad, sin iniciativa, el que ha sido castigado con exceso, se mostrará ante la vida tan desarmado como el niño caprichoso. Los padres demasiado duros valen tan poco como las madres débiles.

Amor y firmeza

Los hijos necesitan amor y firmeza por igual.

El amor es creador, sólo la loca generosidad del amor es capaz de engendrar la vida. Ved dos adultos, dos criaturas plenamente desarrolladas que se inclinan con una entrega total hacia un pequeño, se subordinan apasionadamente a él, le atribuyen un valor infinito, dispuestos a dar su sangre, sus bienes, su vida por él, por ese pequeño ser insignificante y desconocido, casi inexistente todavía.

Gracias a esa prodigalidad, nace el niño, sobrevive, sonríe, encuentra las condiciones normales de existencia y se abre un día al amor que lo ha creado.

A los quince, dieciséis años, con frecuencia, los padres son derrotados por su hijo, no encontrando ya en él al ser que han amado, y por desgracia con frecuencia también es la edad en que creen conocerlo o le juzgan. Hay que decir: es la edad en la que ya no le aman y por tanto dejan de creerlo. Porque amar es creer, es esperar en un ser siempre.

Los padres que no crean ya en las infinitas posibilidades de bien que encierra el corazón de sus hijos, esos padres ya no los aman, no tienen suficiente fe y valor para amarlos. Entonces los hijos se vuelven hacia el exterior, buscan a su alrededor un amigo, una amiga, un profesor, alguien que sepa creer en ellos de nuevo y les permita crecer.

Sólo se crece para aquellos por quienes se es amado. Por esto se es agradecido a un ser que nos ama, ha creído suficientemente en nosotros para que nos atreviéramos a ser con él tan buenos, tan tiernos, tan vulnerables y generosos como no lo habríamos sido con nadie más.

Un niño que no ha sido amado es un ser que no ha despertado, que no tiene ni derecho, ni lugar en el mundo, ni interés por la vida. Para aceptar y amar a los otros, hay que haber sido amado y aceptado, y haber sido llevado a aceptarse y a amarse él mismo. El egoísta parece que se busca, pero es porque no se ha encontrado. Parece que se considera como el centro del universo y que lo acapara todo, pero es porque no tiene sitio en ninguna parte. Al contrario, el que ha conocido y recibido amor, el que ha sido totalmente aceptado, comprendido, protegido y a quien se le ha revelado su valor infinito, éste puede llegar a ser un adulto seguro de sí mismo y generoso, y perseguirá incansablemente en la vida la búsqueda y la reconstrucción de un paraíso que está seguro de recrear.

El hombre que ha tenido una verdadera infancia es un dios caído que se acuerda del cielo (De Greef).

Pero el niño necesita autoridad tanto como amor. La firmeza de sus padres es tan indispensable para su sentimiento de seguridad como el amor. El niño quiere la autoridad. Esta le asegura y le estimula. Si es tan grande el número de muchachos modernos nerviosos se debe a que no han gozado del sostén de una autoridad sin desfallecimiento. El muchacho ama la actividad y el riesgo. No levanta dos palmos del suelo, pero si se le quiere ayudar demasiado protesta: «Juan solo». Le gusta el orden. M. Montessori hace notar que esa necesidad es tan vital que el niño pequeño en sus juegos va siempre a esconderse al mismo sitio y protesta si se simula buscarlo en otra parte. Porque para él el más hermoso juego del mundo es que haya orden y pueda, con los ojos cerrados, poner la mano sobre lo que desea; tan fiel y familiar es su universo. Es también la edad en la que se inculcan las costumbres sólidas que ayudarán siempre porque ponen la vida en orden.

Ni dureza, ni debilidad, esto es fácil de decir, diréis vosotros. Pero ¿quién ha dicho que sea cosa fácil ser padre o madre? El niño ha de ser amado y dominado; ha de recibir y dar; ha de recibir amor para ser un día capaz de darlo.

¿Qué preferís para vosotros mismos: ser amados por alguien al que no amáis o amar a quien no os ama? Es ésta una pregunta-test de la madurez del ser. Sin duda, preferís amar a quien os ama. Pero esto es demasiado hermoso, esto no sucede casi nunca, por lo menos al mismo tiempo; no hay que condicionar la vida a una exigencia tan utópica. Un amigo, un esposo va casi siempre con retraso respecto del otro. ¡Dios quiera que no sea siempre el mismo!

La verdadera elección es la que yo os propongo. ¿Cuándo seréis más felices, más ricos: al ser festejados, amados, mimados, acariciados, o al ser capaces de amar y de daros? Duhamel en uno de sus *Pasquier* presenta una familia reunida en torno a Cecilia, la artista, la inspirada, que toca el piano. Apenas comienza ella a tocar, cada uno automáticamente se deja llevar por sus sueños favoritos, se aísla en sus pensamientos, reemprende sus reflexiones personales. El padre piensa en las mujeres que ha conocido, la madre en sus hijos y en sus preocupaciones, otra en el hijo que espera, y así sucesivamente. Pero Justino piensa en Cecilia, en el amor que le tiene, tan doloroso y tan angustiado. Piensa que ella no le ama, que no puede amarle a él, judío, oscuro, feo, extranjero. Esto le roe y le atormenta. Pero poco a poco, bajo el influjo de la música de Cecilia, sus sueños evolucionan, ascienden, se elevan; algo inspirado y luminoso los transforma, y Justino piensa: cómo amo a Cecilia, qué alegría, qué suerte conocer y amar a Cecilia. Yo soy el más rico y ella la más pobre: ella no me ama, ella no conoce este amor. Nunca seré suficientemente feliz, suficientemente agradecido, suficientemente tierno para con ella. La amo, tengo que darle y quizás enseñarle. Quisiera que ella fuera tan rica como yo. En un instante, bajo el influjo de la música, ha pasado de la infancia a la madurez.

La infancia es el período egoísta y captativo por excelencia. El bebé se considera el centro del mundo. Exige, chupa, traga, rechaza, estalla de rabia y angustia si se le niega algo. El universo está a su servicio. Sólo sabe recibir, exigir, ser amado, tomar. El adulto es, o debería ser, el que sabe amar, el que sabe dar, el que sabe entregarse y ser tan feliz que no pide nada a cambio. La psicología moderna, de la que tan mal se habla, tiene sin embargo una visión profundamente cristiana del mundo: para ella, toda la evolución del hombre consiste en pasar del egoísmo infantil a la generosidad adulta, de la necesidad de ser amado a la capacidad de amar.

Sexualidad

Es el sentido que los psicólogos modernos dan a la sexualidad. Atreverse a hablar así ha bastado a unos para condenar y a otros para exaltar las teorías de Freud. Freud apunta esta evidencia: la existencia de una sexualidad en el niño. Esto ha escandalizado a todos los que imaginan suprimir los problemas no hablando de ellos, a los que se forjan de la vida sexual una idea tan baja que no «piensan» nunca en ella (¿no sería mucho mejor pensar en ella para humanizarla?), a los que prefieren idealizar la pureza de la infancia como si no existiese una pureza adulta, infinitamente más valiosa y que vale la pena conquistar y no extasiarse en la que se imaginan haber tenido y haber perdido cómodamente para siempre.

Todas las madres han observado que sus hijitas hacían monerías ante los hombres y que sus hijos pequeños sonreían con más ganas a las señoras. La atracción hacia el otro sexo existe desde el comienzo de la vida, y las personas mayores, en vez de ironizar necesariamente, sería mucho mejor que ayudaran al niño a darse y a separarse, apoyándose en esa fuerza para impulsarla y superarla.

Un muchacho ha de ser amado por su madre; una hija necesita que su padre se interese por ella. Este inicio de éxito, esa posibilidad de interés y de afecto es indispensable para que un ser se desarrolle. Ya lo dije: no se crece más que para quien os ama; no vale la pena ser hermoso, fuerte, inteligente y noble más que para aquellos por los que se es amado. A una niña a la que el padre manda a jugar con sus muñecas porque él sólo se interesa por sus hijos, o por sus negocios, le quita las ganas de crecer, o más bien la priva de coraje para aceptar su sexo. Si no soy capaz de agradar a alguien, ¿para qué sirve ser chica? «Para mí, decía cómicamente una pequeña, todos los hombres a los que quiero están ya ocupados. Papá tiene a mamá, y Nuestro Señor tiene a la Virgen». No os riáis. Es grave para una chiquilla no saber qué hacer en la vida ni para quién vale la pena crecer. Son innumerables las mujeres que no han podido aceptar su feminidad y que se lamentan de no ser un hombre: ese ser indoloro y autónomo, sibarita y egoísta a quien ellas se limitan a envidiar, porque no se las ha animado antes a encontrar su felicidad en agradar, en dar gusto, en dar alegría y frescura, en sonreir y lograr hacer sonreir, en amar y despertar el amor. Porque sólo, sólo a este precio, vale la pena ser mujer.

Demasiadas madres, también, se alegran de que sus hijos trabajen y se desentiendan de las hijas. Esto supone una visión miope. El desarrollo de la vida afectiva es tan importante y más delicado aún que la formación de la voluntad y de la inteligencia.

A la madre corresponde velar sobre esto. Su hijo ¿es capaz de amar? ¿Ama? ¿Muestra buen corazón? El primer ser al que ha aprendido a amar es a su madre, y todo depende de esa primera experiencia, de ese primer amor. Hay un lazo afectivo extraordinariamente profundo entre el hijo y la madre. Toda verdadera madre lo siente, lo teme y se alegra a la vez.

Lo teme, o debería temerlo, porque nota que puede herirlo, matarlo en sus virtualidades afectivas, acapararlo, confiscarlo, quitárselo a todos los demás y a todas las demás, «castrarlo», hacer de él su juguete, su cosa. ¿Quién se atreverá a decir que la Genetrix no es posible, quién podrá negar que existe, quién no la ha encontrado, qué mujer no la descubre a veces en sí misma?

Pero esa armonía, esa comunicación vital con la madre, va a permitir que el hijo reciba de ella todo lo que ella quiere, todo lo que ella pueda darle. Podrá colmarlo de amor y de valor, de seguridad y de honradez. Por ella, y sólo por ella, sabrá admirar y amar a su padre. La manera cómo la madre ama al padre pasa a los hijos. El muchacho instintivamente envidia a su padre. Es ciego el que no lo ha observado en la familia. Pero al mismo tiempo lo admira también y necesita que su madre ame a su padre y le presente el ideal de llegar a ser como su padre, animándole, con su amor, a verlo como posible.

La madre ha de dar a luz al hijo, otra vez, al mundo de los hombres, restituyéndolo a su padre. El padre tendrá que acogerlo y apoyarle.

Complejo de superioridad

El padre ha de procurar no abrumar al hijo con su valía y con las exigencias de adulto. Que compare las exigencias del hijo con las suyas y le dé confianza de que podrá parecérsele un día, puesto que a esa misma edad el padre no era mejor que el hijo.

Hay una terrible injusticia en la manera cómo la mayoría de los padres tratan a sus hijos. Se comparan con ellos, y los aplanan, ¡como si no mediaran entre ellos treinta años! Y luego se indignan de que el hijo, así aplanado, no se transforme. Dichosos los hijos cuyos padres se inclinan hacia ellos con sencillez, sinceridad y amor, y se atreven a decirles: «Cuando yo tenía tu edad, hice tal tontería, no me esforzaba por trabajar, no era capaz de tener confianza con mi padre. Pero hice así, aprendí tal cosa, tal otra me hizo cambiar. Tú andas mucho mejor que yo cuando tenía tus años, haces esto y aquello mejor de lo que yo lo hacía. Más adelante me superarás». El hijo entonces se siente invadido de humildad y de entusiasmo. Encuentra que su padre es un tipo formidable, que él no hace lo suficiente para amarle y para parecérsele, pero que con su ayuda y sus consejos, no faltaría más, podrá un día llegar a ser como él. Y empieza una radiante emulación con sus amigos, con su padre, con los otros hombres, porque ha venido al mundo rodeado de amor.

No creo que exista un muchacho bien nacido que no haya querido llegar a ser como su padre. Pero casi nunca he encontrado un alumno que lo dijese. Sus fracasos, sus profesores y quizás, y esto es lo malo, hasta su mismo padre le habían convencido de que era incapaz, de que ya no había remedio. Cuando le preguntaban por su porvenir, contestaba que haría cualquier cosa, menos lo que hacía su padre. Y yo me acordaba de san Juan:

> El Hijo no puede hacer nada por sí mismo, sino sólo lo que ve hacer al Padre. Pero el Padre ama al Hijo, le muestra todo lo que hace. Y todo lo que hace el Padre lo hace igualmente el Hijo.

¿Qué padres tienen la paciencia y la humildad de «mostrarse» a sus hijos? Demasiados padres son grandes hombres para sus obreros, para sus clientes, para su secretaria, pero para su hijo son unos extranjeros, unos seres misteriosos, lejanos, fatigados, nerviosos, inaccesibles. A pesar de la aspiración profunda de «llegar a ser como su padre», el hijo no es capaz de «hacerse una idea de su padre», de imaginarse su trabajo y su carácter.

El padre con frecuencia está prácticamente tan ausente del hogar que los valores masculinos parece que no valgan apenas y el ideal entrevisto coincide con los valores femeninos, tan incitantes y sin embargo tan untuosos para el muchacho. Convendría que la familia, antes de exigírselo, se preocupase de probar que llegar a ser hombre vale la pena. En muchos hogares prácticamente sólo hay un único ideal concreto: la madre. La importancia de la madre está en que sirva de intermediario y en que la mediación de la madre lleve a los hijos al descubrimiento y al amor del padre.

Y lo mismo se puede decir de las hijas. El afecto profundo de su padre, que les hace aceptar su feminidad, ha de restituirlas a su madre e introducirlas en el mundo de las mujeres, al hacerles desear y esperar llegar a ser como la madre. A esto les prepararán tanto las atenciones y delicadezas del padre en su presencia y en presencia de la madre, como los servicios y las cualidades que su padre haya logrado obtener de ellas.

Pero hace falta la aceptación de la madre. También ahí, cuántas incomprensiones nacidas por falta de sinceridad, de ternura y de espera. Amar a un ser, dice G. Marcel, es esperar en él siempre. En vez de indignarse por las estupideces y las equivocaciones de las hijas, cuántas madres harían mejor confiándoles sus propias equivocaciones. Hay muchachas que vienen a verme, a contarme flirts, tonterías, imprudencias, cuyo peor peligro es el secreto. «¿Por qué no se lo dices a tu madre?» «Mi mamá no lo comprendería. Es demasiado rígida. Mamá sólo ha amado a papá. No tiene experiencia...». El primer deber de una madre está en persuadir a sus hijas que tienen todo lo necesario para llegar a ser mejores que ella.

Evolución sexual

El hombre es sexuado porque Dios es Trinidad. Afirmación que a muchos parecerá escandalosa, pero sólo el escándalo puede obligarles a pensar. Cuando el Génesis nos revela que Dios creó al hombre a su imagen y semejanza, continúa diciendo tranquilamente: lo creó macho y hembra, lo creó hombre y mujer. Que quiere decir: capaz de amar.

33

Dios es amor. No es un solitario, un egoísta, un «solterón». «No una sola persona, sino tres personas en una sola naturaleza», canta el prefacio de la fiesta de la Santísima Trinidad. «Qué suerte que no seáis un solitario, qué suerte que seáis varios, qué suerte que seáis amor». En Dios, hacía falta ser varios para ser Dios. Tenían necesidad de ser varios para ser amor.

El hombre está hecho a imagen de Dios. Siempre tiene necesidad del otro para ser el mismo. Una mujer sin su marido se siente, debería sentirse, insegura, paralizada, incompleta. Y un marido sin su esposa. Y los hijos que han perdido a sus padres. Lo mejor, lo más divino en el hombre, es esa incapacidad de bastarse completamente, de replegarse totalmente sobre sí. El infierno es la posesión tranquila de sí mismo. El cielo es la total disponibilidad hacia los otros. ¡Cuánta gente confunde lo uno con lo otro!

Dios habría podido crear al hombre capaz de reproducirse por escisciparidad o por paternogénesis. Pero entonces lo habría creado solitario. Le habría dispensado de amar. ¡Qué pureza tan ideal para todos los abonados a una moral negativa!

Pero en ese caso no habríamos sido creados a imagen de Dios. No habríamos tenido, en cuanto hombres, la profunda disposición a darnos, que hace a nuestro cuerpo capaz de servir y de ser eco de las aspiraciones de nuestro corazón y de nuestro espíritu.

La importancia de la sexualidad, además, sobrepasa con mucho el matrimonio y la reproducción. Toda la vida de sociedad, toda la vida de relación entre los hombres radica en la capacidad de unirse, de interesarse por el otro, de dar y buscar complemento en otro. El pecado original incapacitó precisamente al hombre para amar. Sus consecuencias son mucho más sociales que individuales. Cuando se habla del pecado original, cada uno se pone a pensar en la propia concupiscencia para descubrir sus huellas. Pero el pecado original consiste sobre todo en el hecho de que no amemos, de que no sepamos amar más. Y la concupiscencia es como una brasa que se apaga, cubierta de cenizas, que no ilumina, que no calienta, pero capaz todavía de quemar a quien deja de desconfiar.

El fruto de la educación y de la gracia ha de consistir en devolvernos la capacidad de amar. Para esto el hombre pasa por una larga evolución. El niño, centrado totalmente en sí mismo y prisionero de sus apetitos, sólo sabe pedir, exigir, recibir. Muchos hombres, naturalmente, permanecen siempre niños. Pero en quienes evolucionan se produce, en la pubertad precisamente, una posibilidad de liberación. Sí, a esta edad, que evoca para tantos educadores únicamente los espectros de pecados de impureza, de la edad llamada «ingrata» y de relaciones peligrosas, aparece un débil primer paso hacia el amor.

El adolescente descubre a los amigos. Sabe que existen seres a los que puede preferir, incluso a sí mismo, por los que puede mostrar un interés, una admiración apasionada. Yo nunca habría sido capaz de conocer, de amar a la humanidad en mí mismo. Me parecía impuesta, pesada, inquietante, intolerable. Abriéndome al otro soy capaz de conocerla y amarla. Descubrimiento infatigable. Preferirme en el prójimo. Bienaventurados quienes nos muestran la existencia, quienes nos enseñan la belleza, la profundidad, el misterio de la humanidad.

Pero cuánto miedo a salir de uno mismo, a perderse. Amar es terrible. Uno se hace vulnerable. Se pone a merced de otro. El ideal espontáneo de todo adolescente es la armadura. Avanzar por el mundo, invulnerable, impasible, bien defendido y bien armado (¿no habría que decir: preservado de amar pero capaz de seducir?), seguro. Hasta el día en que descubre un ser natural y sensible, joven, con vida, que camina atento, afectuoso, vulnerable, sin armadura, entre los otros que tiritan de frío tras su armadura. Y descubre entonces dónde está la verdadera nobleza, la verdadera fuerza, y comienza a comprender —sin saber si esto le hace más daño— que la verdadera grandeza está en ser débil de esta manera.

O siente otro día él mismo la revelación del amor. Y se sabe invadido de una extraña debilidad, inmensa, estremecedora como el mar. Cree morir y sin embargo ama esa muerte.

Se comprenden ahora las contradicciones de la adolescencia, su melancolía, sus angustias, su fuerza y su debilidad, sus abiertas rebeliones y sus tímidas ternuras, su generosidad y su egoísmo. Es la edad decisiva en la que un ser puede abrirse al don de sí o corre peligro de condenarse a permanecer parásito toda la vida. Para él todo anda mezclado: la nostalgia de los mimos de la infancia con la llamada a la generosidad del adulto, la añoranza de la seguridad uterina con el gusto por el riesgo y la aventura (es capaz de ganar una apuesta a base de sumergirse en una piscina de agua helada y no es capaz de lavarse por la mañana), tristeza y alegría, darse a los demás y replegarse sobre sí mismo.

Pero sigamos. Después de los amigos, esa fuerza interior lo orientará hacia las amigas. El impulso, primero difuso e indeterminado hacia el otro, se fijará sobre el otro sexo, sin absorberlo completamente. La sexualidad permanece siempre mucho más amplia que la genitalidad. El adolescente conservará sus amigos, pero éstos no ocuparán el lugar de sus amigas. Los amará más al no buscar en ellos lo que sólo ellas pueden darle.

Y por fin descubrirá entre ellas un día a la que ama, que quiere decir a la que tiene necesidad de él, igual que él acepta necesitarla a ella, cuya llamada hará brotar de su corazón una fuerza desconocida, de la misma manera que ella se descubre infinitamente mejor de lo que jamás había imaginado, para quien todo lo espera de ella. Cada uno será creado por el otro, su unión les elevará por encima de ellos mismos y su hijo sólo será la manifestación, la prueba, el signo de todo lo que su amor tiene de creador. En él se sobrepasarán a sí mismos: no se habrían amado lo suficiente si no hubiesen aprendido ese otro amor.

Sin embargo, una evolución perfecta es cosa rara. De hecho, siempre está amenazada y marcada por regresiones y retrasos.

En cada edad, y aun en la edad llamada «adulta», se corre el peligro de replegarse, de buscar el propio placer en lo que está puesto al servicio de los otros, peligro de encerrarse en sí mismo. Porque es mucho más cómodo gozar uno que atarse al otro, emplear a los otros como instrumentos a nuestro servicio en vez de darnos a ellos.

Así observamos, por ejemplo, que hacia los tres años, el niño volverá a veces a chuparse el dedo. Había abandonado esta costumbre de niño desde hacía meses, o años. Pero en un momento de tristeza, de soledad, después de un fracaso, una reprimenda, una enfermedad, puede volver atrás. Cuidado con lo que significa: añoranza del seno materno, nostalgia del parasitismo de la infancia. La mano, la mano hecha para trabajar, para hacer, para tenderse a otro, para unir al hombre con el mundo, he aquí que la vuelve perezosamente hacia sí mismo y se goza en ella. ¡Qué retroceso y qué símbolo!

Los pecados de impureza, tanto para el adolescente como para el adulto, sólo son incapacidad de amar, de obrar, de salir de sí, repliegue miedoso. Cada falta de impureza disminuye nuestra capacidad de amar. Se peca, no porque se ame demasiado a alguien, sino porque se le ama demasiado poco. La impotencia de amar es la causa de la impureza. Y la impureza desemboca en el egoísmo. ¡Cuántos seres prisioneros en ese círculo infernal! Para describir esto y sobre todo para mostrar la manera de salir de ese estado, habría que escribir todo un libro sobre la educación sexual. Quizás haya ocasión un día. Digamos sólo que la fuerza, el empuje sexual que ocasiona esos estragos trabaja también y de manera especial para repararlos. Un hombre es sensual no porque tenga una sexualidad demasiado viva, sino por todo lo contrario. La naturaleza no se opone a la gracia, sólo nosotros somos demasiado débiles para respetar el dinamismo de la una y de la otra.

Represión y «rechazo»

El gran público sólo se ha quedado, de los descubrimientos de la psicología moderna, con ciertas nociones confusas y peligrosas y, sobre todo, con la preocupación de evitar los «rechazos» (*refoulements*). Un buen pretexto para muchos para no imponerse ningún esfuerzo y para abandonarse a los instintos.

Pero la psicología moderna aconseja la represión de los instintos, es decir la lucha sincera y consciente contra ellos. El hombre y el niño han de escoger entre las diversas posibilidades que se les ofrecen. Si se deciden con plena lucidez, inclinándose por los valores preferidos, se alejarán de los otros o por lo menos encontrarán fuerza para renunciar.

En la lucha contra las tentaciones me parece que con frecuencia lo que hay que aconsejar es precisamente el enfrentarse, no el huir. Es prudente huir de las tentaciones a las que se sabe que no es posible resistir. Pero en los otros casos, es capitular demasiado pronto, darles demasiada importancia, subestimar y dejar sin cultivar las propias virtualidades. Sería mejor decir: «Atreveos a mirar de frente lo que teméis, considerarlo con todas sus consecuencias, suponiendo que habéis cedido, ¿estáis contentos?, ¿amáis más a los otros que a vosotros mismos?, ¿estáis satisfechos de haber logrado lo que soñabais?» No, la mayoría de las veces no lo queremos. Nos gusta pensarlo, pero no nos gustaría hacerlo. Nos horrorizaría haber hecho lo que imaginábamos y estamos contentos de no haberlo hecho.

Significa esto que somos menos malos de lo que nos imaginábamos, que las reglas morales no son defensas que se nos imponen contra nuestra voluntad, sino la expresión reflexiva de nuestra naturaleza, la aspiración de lo mejor de nosotros.

El «rechazo» es inconsciente. Los comportamientos que ordena se adornan de motivaciones falsas. Actúa sobre la conciencia con una fuerza violenta e ignorada y la obliga a encontrar razones para justificarse cuando obedece. Crea comportamientos extraños, engendra complicaciones infinitas y mantiene a su víctima en una puerilidad perezosa.

Todos hemos sentido a veces la presencia de esos «tabús»: «Si no llego a pisar las rendijas de los baldosines... Si encuentro a fulano antes de llegar a la otra calle... haré esto o aquello». El inconsciente es también una evasión de elección para quien tiene miedo de sus responsabilidades y prefiere creerse llevado y excusado por los acontecimientos, en vez de asumir su dirección.

El psicólogo pregunta a una mujer tentada de engañar a su marido: «¿Y por qué no lo ha hecho?» «¡Qué horror!, contesta ella, ¿cómo puede aconsejarme usted tal cosa? Está prohibido». Desprecio habitual. El psicólogo intentaba sólo hacer progresar hacia una verdadera conducta moral: no considerar la condenación del adulterio como una regla arbitraria, ni a su marido como un obstáculo para su felicidad, ni a Dios como un guardia, sino llegar a descubrir que ella no quería engañar a su marido, porque le tenía a él, porque quería ser libre frente al otro y porque en el fondo amaba lo bastante a su marido para no hacerle daño. Tenía capacidad de decir un no, pero pretendía quedarse en el «rechazo».

Algunos padres crean «rechazos» en sus hijos pequeños debido a prematuras exigencias. El niño, demasiado vulnerable, va a experimentar intensamente sus indignaciones, sus condenas, que pasan por morales, con ocasión de entretenimientos naturales, de ocupaciones apasionantes: jugar con agua, con lodo, con cosas sucias, con palabras bajas. El niño que hace eso con toda inocencia corre el riesgo de falsear su conciencia moral: prohibiciones inexplicables, pero violentas, van a dictar desde ahora su conducta.

Con frecuencia, las exigencias de limpieza que los adultos les imponen por comodidad o por amor propio sobrepasan las posibilidades físicas del niño, pero sobre todo la reprobación con que se las expresa va más allá de su capacidad moral. Confundirá culpabilidad con torpeza, y siendo inocente se creerá condenado y condenable. Estará persuadido y se castigará a sí mismo. Hundiéndose en su mal se hará él mismo agente de la ejecución de las sentencias que admite sin comprender, y que le afectan tanto más ciegamente cuanto menos las juzga.

Padres y adolescentes

La edad ingrata es sobre todo una edad dolorosa: la del «crepúsculo de los dioses». Para el niño, sus padres son unos dioses. Nadie es tan fuerte como su padre. Ninguna mujer más hermosa que su madre. Su fe candorosa y total emociona hondamente el corazón de los padres y logra de ellos prodigios de amor, de generosidad, de entrega, de los que ellos no se creían capaces. «Ved, dice el Señor, que por malos que seáis, sin embargo podéis ser buenos para vuestros hijos».

Pero a los doce, a los catorce años, uno se descubre a sí mismo y descubre a sus padres: uno se siente distinto de ellos y les ve, por primera vez, como a unos extraños. Muchos niños de buena o mala fe se imaginan a esa edad que son niños encontrados. Psicológicamente es verdad: en ese momento ellos se han hallado, acaban de encontrarse, de sentirse independientes de sus padres. La novedad de esa experiencia se expresa bien en una imaginación novelesca.

Entonces empiezan a juzgarlos. Al no confundirse ya con sus padres, se ponen a distinguirse de ellos, adrede, sentimentalmente, con la voluntad. Ya no puede existir la razón en común, familiarmente; hay que escoger. Esa elección es desgarradora. El adolescente debe conquistar su independencia, ha de afirmarse, pero sufre. Ama a sus padres, desea su afecto, les quiere. Sufre haciéndoles sufrir. Se siente culpable de las decepciones que les causa. Y el remedio que naturalmente encuentra es castigarse, mostrarse más malo todavía. Exagera su indignidad, y se «emperra» en condenarse completamente. Como no soporta que sus padres sufran por él, concibe la esperanza de ser tan malo y, de una vez, que ellos ya no le amen, le alejen, y dejen de infringirle esa intolerable tortura: verles sufrir por su culpa. Así sólo sufrirá él.

Si los padres supiesen esto, cómo se precipitarían sobre él para consolarle de haber sido tan malo, para demostrarle la inutilidad de tal estratagema y decirle que, a pesar de todo, ellos nunca dejarán de amarle.

Un adolescente es un ser doliente. Dolor de la infancia, dolor de los padres:

> Cuanto más se ama a alguien tanto más se sufre al verse decepcionado. Cuántos dramas de nuestra adolescencia se explican así: la amargura, la dureza, sólo eran ternura y admiración frustradas. Por grandes que sean nuestros padres, esa crisis es normal. Es la primera experiencia, y cuán dolorosa, que el joven hace de la precariedad esencial de la criatura. *Los hombres son unos mentirosos.* El padre no se libra de ese veredicto y a los ojos del hijo ha de pasar necesariamente un día como un mentiroso. Ha de decepcionar a su hijo. Ha de ser juzgado por él, y esto vale, y aún más, respecto de la paternidad espiritual: todo sacerdote, en la medida en que no es más que un hombre, es un mentiroso.

Los padres han de ayudar a sus hijos en vez de contentarse con sufrir, con hacerles reproches que aviven su culpabilidad, y encerrarse a su vez egoísticamente para sufrir menos. Un padre, una madre, ponen a su hijo en el mundo más de una vez. El sufrimiento del alumbramiento se repite en la adolescencia. Pero si sufren bien, no olvidarán, en su alegría, que en el mundo ha nacido un hombre.

Los padres tendrían que haber hecho antes que el hijo el descubrimiento de su insuficiencia. La ternura, la delicadeza del hijo les había hecho imaginar que ellos le bastarían para siempre. Que no sigan niños más tiempo que su hijo. Que ellos mismos le orienten esforzadamente hacia otros amigos, hacia otros adultos que podrán darles lo que ellos no tienen, pero que el hijo adquirirá gracias a ellos, puesto que le ayudan a encontrarlo.

El hijo entonces no se sentirá ya culpable de dejar a sus padres, yendo hacia otros; serán ellos los que le conducirán. No será ya víctima inconsciente de la envidia infantil de los padres. «Siempre estás fuera. No te preocupas de nosotros. Prefieres irte con otros». El niño es muy sensible a esas quejas. Se siente deshecho por la elección que se impone, en vez de hacerle posible conciliar su fidelidad con su desarrollo.

Los hijos han de separarse de los padres, de la misma manera que los frutos maduros tienden a la liberación. Los padres aman demasiado a sus hijos para tener que estar unidos a ellos toda la vida. Pero hace falta que ese amor sea tan grande y tan puro que la exigencia de sus hijos venga a ser la suya, y para que acepten una separación de la que ellos personalmente no sienten la necesidad. Será tanta su delicadeza que disimularán su sufrimiento para no abrumar al hijo con un remordimiento que le mantendría atado, sin esperanzas, ya que ese lazo permanecerá, puesto que el remordimiento le perseguirá aun después de la separación aparente.

Por amor a los hijos los padres aumentarán sus relaciones sociales y las ocupaciones que habían abandonado cuando los hijos pequeños los acaparaban.

Volverán a vivir, a luchar, a crear su existencia en medio de los otros adultos. Harán la competencia a sus hijos en la alegría, el gusto, el interés por la vida, y les darán esa suprema lección, fruto exquisito de su paternidad: la vida vale la pena vivirla, todos los sacrificios que ella nos impone pueden ser fuente de fuerza y renovación de amor, y al avanzar por la vida con esperanza, sinceridad, generosidad y confianza, los hijos estarán mucho más cerca de sus padres de lo que nunca habían estado.

Paraíso perdido

Cada etapa de la vida es un nacimiento y una muerte. Se muere a un equilibrio, a un ambiente dichoso y fácil al que uno se había adaptado. Y se nace a un mundo desconocido en el que hay que echar mano de fuerzas nuevas en medio del riesgo y la soledad. Son posibles todavía dos actitudes, entre las que todos nos sentimos divididos. Cuando Adán y Eva fueron arrojados del paraíso se encontraron ante esa encrucijada: o rondar en torno al jardín perdido, intentar recordar, captar por suerte o por fraude algunos instantes de pura felicidad; o bien volver la espalda, partir, luchar y trabajar juntos para reconstruir mutuamente y con sus esfuerzos algo de aquella maravillosa infancia de la que guardaban la nostalgia.

La vida no deja de exigirnos esa verdadera fidelidad a través de los aparentes desencantos. El paraíso está siempre delante de nosotros, y no detrás. No se trata de olvidarlo o de acordarse de él, sino de creernos capaces de recrearlo con ayuda de Dios.

2

¿HAN DE OBEDECER TODAVIA LOS HIJOS A SUS PADRES?

L A pregunta hace sonreir y, sin embargo, sólo es paradójica en apariencia. Muchos padres se la formulan. Las modernas teorías educativas les desconciertan, y en la medida en que estas teorías se perfeccionan, más incompetentes se sienten ellos ante su tarea educativa. Tienen miedo de intervenir como profanos en un campo que se ha hecho técnico. Por miedo a no crear «complejos» y «rechazos», dejan de mandar. Los ejemplos de padres «avanzados» les escandalizan, pero les arrastran. Nuestra época se caracteriza por un inmenso movimiento liberador entre razas, clases sociales, pueblos, y del hombre mismo frente a toda autoridad. Jean Lacroix lo resume, con lenguaje psicoanalítico, en estas palabras: «muerte del padre». Los hombres modernos quieren ser hermanos pero intentan desesperadamente fundar su fraternidad en la supresión de lo que, precisamente, les une: la paternidad, la autoridad, Dios.

A nuestro mundo le falta quizá una concepción justa de la obediencia, una conciliación entre el ideal de independencia personal y el de solidaridad social. Decía el cardenal Mercier: «Obedecer es un acto noble; es afirmar que existe un valor superior a los caprichos individuales». La mayoría de los hombres obedecen cuando entienden la orden dada. No se dan cuenta que al obrar así nunca obedecen realmente. Obedecer es precisamente sobreponerse, apelar a una razón superior no sólo a la voluntad individual, sino aun a la razón individual, es integrarse en un orden que nos sobrepasa a nosotros mismos.

Y al decir esto respondemos inmediatamente a la pregunta que hemos formulado al principio. Educar, formar a un niño, es hacerle obedecer, es ayudarle a superarse, es enseñarle a amar, a hacer, a querer lo que no quiere, lo que no ama, lo que no hace espontáneamente, pero que le servirá o que servirá un día.

Autoridad y libertad

Entre autoridad y libertad no se da el conflicto insoluble que muchos piensan. Toda educación razonable ha de comenzar con un máximo de coacción y un mínimo de libertad. Educar es hacerse inútil, es enseñar a un ser más débil la manera de prescindir de nosotros. Se ha definido el educador como una voluntad que se presta. Dejado a sí mismo, el niño queda esclavizado a sus instintos y a sus caprichos. La intervención de la voluntad fuerte del educador le libera. Lo que Montalembert decía contra el liberalismo político: «Entre el fuerte y el débil, entre el rico y el pobre, la libertad oprime y la ley libera», vale también contra el liberalismo de los educadores. Obedeciendo a sus padres, el niño hace lo que debe hacer y lo que, en el fondo, quiere hacer, pero que no podría, abandonado a sí mismo. Evidentemente, no hay que exagerar ese tipo de intervención. Ha de calcularse según la necesidad del beneficiario. Excesiva, la autoridad oprime, paraliza o subleva. Por algo la educación es un arte, no hay nada que exija mayor clarividencia y tacto. Olvidando sus ambiciones, sus prejuicios personales, el educador se pone apasionadamente al servicio del que quiere educar. Intenta, con todas sus energías, adivinar su futuro, le ayuda a descubrir su vocación, le enseña a respetar en él lo mejor de sí mismo, y si a veces se atreve a mostrarse duro, si se decide a imponer y romper, es porque está seguro de obrar respetando lo profundo de aquel a quien conoce y al que ama más que a sí mismo, porque ni se conoce ni se ama todavía.

La infancia evidentemente es el período esencial de la educación. A esta edad, el ser casi no es nada por sí mismo, no llegará a ser más que aquello para lo que se le haya educado. Y educar a un niño esencialmente, por degracia, es contrariarle.

Ese pequeño ser tan encantador y tan débil, hacia el que nuestro amor y nuestra compasión se desbordan y desean darse, es un manojo de instintos y caprichos, un ser inconsciente pero terriblemente egoísta y codicioso al que hay que doblar y enderezar, moldear y humanizar.

Se puede medir el valor de una educación por el intervalo que separa la presencia de una necesidad y el momento de su satisfacción. Si acudís en el momento en que el bebé os llama, si le tomáis en brazos cuando rompe a llorar, si le alimentáis tan pronto como tenga hambre, estáis preparando un egocentrista violento y débil. Por no haber resistido a los gritos del bebé glotón y cascarrabias, le convertiréis en un adolescente y un hombre impaciente, avaricioso y gruñón.

Dichosos, en cambio, los niños que aprendieron a tiempo que el mundo no da vueltas alrededor de su pequeña persona para complacerle, que hay que esperar, merecer y agradecer la intervención generosa que satisface un deseo largamente diferido.

Pero cuántos padres no saben hacer sufrir a sus hijos ni un momento siquiera, ni para su bien. No tienen el valor de rehusar, ni de castigar. Hemos pasado nosotros tan malos ratos que se nos ha ablandado el corazón. El porvenir nos parece tan sombrío que nos apresuramos a mimar un poco a nuestras víctimas. Hemos visto discutir tantos principios que ya no creemos casi nada. Heine decía ante la catedral de Anvers: «Aquella gente tenía dogmas. Nosotros sólo tenemos opiniones. Pero con opiniones no se construyen catedrales». Hace falta una certeza total, hace falta tener fe en la educación que se ha recibido y que se da. Si no, no se tiene el valor de imponer los sacrificios necesarios.

Tienen que convencerse los padres de que su deber es hacerse obedecer. No pueden abandonar a los hijos a sus impulsos. Parecen inocentes debido a las pequeñas consecuencias en una edad tan tierna. Pero ¿qué harán más tarde si se comportan conforme les tratamos, sin saber esperar, sin saber negarse nada? No hay rectitud moral en la vida, si no se obedece a los principios, a pesar de las tentaciones y los caprichos.

Los padres han de encarnar unos principios a los que los hijos aprenden a obedecer a través de ellos. «No te eches encima del plato, espera a que todo el mundo se haya servido. Toma la parte que te toca. Come de todo. Ponte derecho. Cállate. Contesta, o... no contestes». Todas estas imposiciones son más importantes de lo que se piensa. Expresan el orden de justicia, de amor y de respeto que se impone al niño, o que definitivamente aprende a despreciar.

Voluntad y libertad

El gran objetivo de la educación de los hijos está en inculcarles hábitos profundos. Es condición indispensable para hacer de ellos hombres enérgicos. Un hombre de voluntad firme no es el que constantemente hace actos de libertad, sino el que a unos hábitos profundos une una voluntad tan eficaz que pueda apoyarse en los hábitos adquiridos para hacer frente a circunstancias nuevas.

En cambio, el débil es el tipo de hombre que vive sin hábito, en una perpetua indecisión, que tiene que deliberar sobre todo y que constantemente lo pone todo en duda.

Si tengo que hacer intervenir a mi voluntad para decidir todos los pequeños detalles de la vida ordinaria (levantarme, vestirme, lavarme, horas de comer, horas de trabajo, distracciones, etc.) voy a gastar todas mis energías en eso. Si tengo para todo ello una norma habitual, podré disponer de mis energías para otras cosas.

El niño mal educado obliga a que le repitan sin cesar lo más elemental, precisamente porque no tiene hábitos: «Levántate, vamos, levántate, lávate los pies, mira lo que estás haciendo, límpiate las uñas, levanta la cabeza, no arrastres los pies, límpiate la nariz». Un muchacho así será un débil de carácter porque la obediencia no le ha hecho adquirir costumbres.

No creo gran cosa en el refrán: «Para saber mandar, antes hay que saber obedecer». Yo lo modificaría así: «Para poder desobedecer, hay que saber obedecer». Sólo tiene derecho a que se tenga en cuenta la desobediencia, quien es capaz de obedecer y lo ha probado. Las otras desobediencias no son más que cobardía sin interés.

Aunque es cosa buena dar explicaciones a los pequeños desde muy pronto, legitimar nuestras órdenes y mostrarnos ante ellos razonables para que aprendan a reflexionar, sin embargo no hay que dejarles una libertad desproporcionada a sus fuerzas y hacer pesar sobre ellos la responsabilidad de su conducta. Los padres prudentes dejan escoger a sus hijos y desean «saber lo que quieren» en un gran número de cosas, pero con frecuencia se sienten en el deber de querer y decidir por ellos.

El niño quiere esta autoridad. Le tranquiliza y le estimula. Si es tan grande el número de muchachos nerviosos hoy, se debe a que no han podido apoyarse sobre una autoridad firme.

Es evidente que no hay que estar mandando sin parar y menos todavía repetir las órdenes y echar en cara constantemente su incumplimiento. Hay que tener bien presentes (sólo requiere un pequeño esfuerzo de imaginación) algunas sanciones sólidas y prácticas, y aplicarlas con firmeza al primer «no», ante la primera desobediencia. Es el momento capital de la educación. Desde el momento en que un muchacho se entera que puede desobedecer berreando, discutiendo, adulando o ganando tiempo, estáis perdidos.

Los educadores modernos no son partidarios de los castigos. Pero los castigos son indispensables, o más bien no son inútiles, si se usan oportunamente. Todo el mundo conoce hoy la teoría sobre el condicionamiento de los reflejos. Un reflejo desencadenado habitualmente por un estímulo determinado (saliva a la vista de un manjar) puede ser desencadenado por otro estímulo cualquiera, si está suficientemente asociado al primero (si el sonido de una campana precede inmediatamente a la comida, al final, el sonido sólo bastará para desencadenar el reflejo salival… aunque no haya comida).

Pues bien, si el niño ha asociado con suficiente nitidez una mirada, un tono de voz, con la temida sanción —soledad, privación, azotes—, llegará pronto un momento en el que bastarán el tono de voz, la mirada, para que se obtenga la deseada intimidación sin tener que recurrir a operaciones ulteriores.

Pero el caso es que a muchos padres les falta imaginación. Nunca han dedicado diez minutos a organizar un arsenal práctico de sanciones. Los acontecimientos les encuentran desprevenidos, y la cólera les llevará a imponer castigos excesivos e insostenibles.

Notemos que dar un castigo nunca es agradable. Al castigar, los padres se castigan a sí mismos. Pero serán mucho más castigados por no castigar.

¿Cómo hacerse obedecer?

Evidentemente, hay una manera de hacerse obedecer: no dar demasiadas órdenes o reprimendas. ¿Cómo es posible que los hijos las tomen en serio si las multiplicáis vertiginosamente? Antes de tomar una medida, callaos, tragad saliva. Pensad con calma lo que le va a costar al niño cumplirla, y a vosotros imponerla y mantenerla. Si después de esto juzgáis que vale le pena, adelante.

El niño notará en el tono de voz la determinación de llevar las cosas hasta el final. Quedará impresionado. Los niños son mucho más sensibles al tono que a las palabras. Muchas palabras no les indican otra cosa que el nerviosismo de los padres. Con una orden tenéis que comunicarles la fuerza, la calma, la determinación que os mueven y que les permitirán a ellos obedecer.

Dejad suficientes juegos, descansos, amplitud a los hijos, para tener derecho a ser severos en el resto. Exigid con firmeza, pero exigid poco. Los padres suelen fallar aquí. En su deseo de sentirse orgullosos de sus hijos, se forjan un ideal desconectado de la edad o las posibilidades, y a veces de su propio pasado. No teniendo tiempo para hacerse niños con sus hijos, quieren que éstos se hagan prematuramente hombres como ellos. Su decepción les irrita.

Sólo acusan a sus hijos, y cuanto más los aman a su manera, tanto más se decepcionan.

Digamos que la verdadera manera de amar a los hijos es amarlos no tal como son, sino tal como han de ser. Hay que amarlos tal como pueden ser y darles toda la ayuda (severidad y ternura) suficiente para disminuir la distancia entre ambos extremos.

La verdadera independencia

Hemos estado hablando de la obediencia para preparar el tema de la independencia. El niño ha de aprender a obedecer, pero el adolescente ha de hacer un aprendizaje más importante todavía, y más difícil, el de la autonomía.

Los malos educadores obran al revés. Como el niño es fácil, le dejan hacer. Como el adolescente es rebelde, quieren doblegarle y contrariarle. Esto es espíritu de contradicción, pero no tiene nada de método pedagógico.

Sin duda ninguna, el adolescente ha de obedecer, y aun obedecer más que el niño, pero de otra manera y mejor. El fin de la educación es siempre el mismo: obedecer a los principios y no a los caprichos.

Para los niños, los principios se encarnan en los padres. Pero el adolescente ya es capaz de comprender la razón de una regla, es capaz sobre todo de amar y querer la regla por el bien que defiende o procura. El deber de los padres está en iniciarle en esta verdadera obediencia que es la verdadera independencia.

Dios no ha dado al hombre nada mejor que su libertad. Es un don superior al de la vida, y los padres deberían revelar y admirar en sus hijos las primeras manifestaciones de esa necesidad de independencia, con la misma alegría con que espían la primera sonrisa o la primera señal de agradecimiento.

¿Qué serán luego vuestros hijos si no son independientes? Un hombre de carácter es un hombre independiente; independiente de sus instintos, de sus sentimientos, de lo que le rodea y de los prejuicios. No obedece ni por miedo, ni por interés, ni siquiera, madres, por afecto, sino sólo por convicción. En cambio,

> el hombre que camina con la muchedumbre ciega, aunque se equivoque, el hombre que se adhiere a la resolución de un comité, porque en el momento decisivo encuentra inoportunos sus escrúpulos, el político que sólo presta oídos a la mayoría, el ciudadano que abraza siempre la tranquila causa de la moda y de la popularidad del momento, he ahí los cobardes y los traidores de la era nueva (Foerster).

¿Qué hacer para que nuestros hijos no practiquen esa nauseabunda docilidad, para que lleguen a ser hombres de carácter, capaces de resistir lo mismo que de obedecer? Fénelon decía que no había que hacer de nuestros hijos almas deshuesadas.

Todo verdadero educador ama y busca la independencia. Se da cuenta de que ha triunfado cuando siente profundamente independiente al que ha educado y, sin embargo, dócil, amigo, agradecido. No le obedece porque le tema, ni porque le ame, sino porque está profundamente aferrado a los principios que respeta y que le ha enseñado a respetar. Los padres han de mandar en nombre de los principios que ellos mismos observan, y los hijos han de ser iniciados poco a poco en la religión de los principios de sus padres. Entonces no nos hallamos ante la subordinación de un hombre a otro hombre, sino que serán dos personas que se encuentran libremente en el culto del mismo Dios. «El que os escucha, a mí me escucha. El que os ve, ve al Padre».

Hay que insistir tanto en el deber de los padres a hacerse obedecer como en ponerles en guardia contra una concepción opresiva de su autoridad. La autoridad está hecha para hacer libres.

El adolescente es un ser profundamente influenciable e impresionable. Es mucho más sensible, mucho menos equilibrado que el niño. Aquí las madres protestan y dicen: «¡Ay, con lo cariñoso que era antes!» No, el niño antes era mucho más espontáneo, manifestaba libremente sus sentimientos. En el adolescente, si la afectividad es más profunda, su expresión no es tan espontánea. El adolescente es capaz de controlar sus sentimientos y usa con frecuencia ese nuevo poder para disimular lo que siente, a veces para crear una manifestación más reflexiva y más personal. Pero bajo esa máscara de indiferencia aparente, qué hervor más terrible, exaltación y depresión, ansias y arrepentimientos, atracciones y repulsiones, impulsividad y agresividad. Es la edad de las amistades apasionadas, de los sueños de aventuras, de la timidez y de la melancolía.

Precisamente porque el adolescente se encuentra en una confusión interior, Dios ha puesto en él al mismo tiempo el instinto de independencia, la necesidad de razonar, de dominar, de gobernarse, que es el más preciado instrumento que los educadores pueden emplear para ayudarle en esta edad.

Muchos se equivocan, porque las manifestaciones de ese afán de independencia van dirigidas evidentemente primero contra los mismos educadores. Como los cachorros mordisquean todo lo que puede servirles para ejercitar sus dientes nuevos, así nuestros muchachos se lanzan ciegamente contra todo lo que les ofrece resistencia, y en primer lugar, evidentemente, contra sus padres. Entonces éstos se defienden oprimiéndoles, en vez de orientar su necesidad hacia las verdaderas satifacciones.

El adolescente, tan arrogante con vosotros, pero tan miedoso ante el agua, la gente, los compañeros, el frío, el calor, todo; que no se atrevería a ponerse un sombrero, a acompañar a su hermana al colegio, a decir que sus padres son demasiado pobres para comprar un coche, a hacer la señal de la cruz en público. Es un cobarde, un cuitado, un pobre tipo. Pero al mismo tiempo (¡y qué suerte!) hay en él un instinto desesperado de atrevimiento, de afirmación, de querer. Alegraos, hay esperanza de que huya de la mediocridad, de la cobardía general. Ejercitad ese estímulo, fomentadlo hábilmente, dadle unos objetivos adecuados, su alimento, su recompensa. Cultivadlo como lo más precioso y habréis hecho todo un hombre.

Conducir a los adolescentes es todo un arte, pero un arte apasionante por lo sensibles que son, por lo vulnerables, por lo contradictorios. Muchos padres se descorazonan porque no descubren en él al niño zalamero y fácil. Se habían acostumbrado a amarlo así. Tienen que aprender a amar a otro ser más complicado, ciertamente, pero mucho más cautivador todavía y que tiene tanta necesidad de ellos como el primero.

El adolescente duda enormemente de sí mismo. Por esto se afirma tan brutal, tan bestialmente. Necesita un apoyo, y lo busca. Pero tiene el orgullo de no aceptar más ayuda que la que le venga de hombre a hombre, como lo que él quiere ser.

Ayuda intelectual, primero. El niño, cuando no sabe, pregunta. El adolescente, si ignora, empieza por afirmar. Aunque penséis lo contrario, es un progreso, o mejor una posibilidad de progreso. La afirmación perentoria de los mayores no le basta. Tiene necesidad de respuestas personales. Pasa de la pasividad al activismo, del feliz parasitismo de la infancia a la ambición varonil de autonomía. Pero sus juicios son absolutos, no importa dónde los ha encontrado, o ha leído lo que dice, o lo ha oído decir; lo ha visto en el periódico, se lo ha repetido un amigo, y esto basta para afirmarlo frente a todos y contra todos, es decir para afirmarse.

Es inútil contradecirle, se enoja o se encierra. Pero sobre todo no os burléis de él; es obstinado y no dirá ya ni una sola palabra e irá a buscar fuera, en un compañero o en una joven amiga, el auditorio complaciente que le negáis vosotros.

¿Qué hay que hacer? Ayudarle. Empezad por no enfrentaros con él. Os exasperáis, os morís de ganas de decirle que es un idiota, que lo que dice es tan estúpido que no merece ni discutirse. Callaos, tragad vuestra indignación, calmaos y decidle que es interesante. Aprended a hablar con él en plano de igualdad. Perdéis toda influencia sobre él si le habláis como a un niño. Y en cambio necesita tanto que conservéis vuestra influencia sobre él...

El adolescente sólo escucha a quienes le tratan como hombre serio e inteligente, sobre todo si no lo merece. Es la única manera de ayudarle a serlo. Acordaos de lo que pensabais vosotros a su edad, comunicádselo y decidle cómo hicisteis para pensar de manera distinta. Matizad lo que os dice en vez de despreciarlo globalmente y veréis cómo llegáis a descubrir una verdad aceptable.

En casi todas las esferas y niveles, la necesidad precede a la capacidad. Se tiene necesidad de ser tratado como un hombre antes de ser capaz, precisamente porque sin duda es la única manera de llegar a serlo. Vuestro hijo quiere pensar por sí mismo, cuando todavía no sabe hacerlo. Si le abandonáis por desprecio o por indignación, ¿dónde queréis que aprenda lo que le reprocháis que no sabe? ¿En el periódico? ¿Entre los compañeros? ¿En el cine? Vosotros sois quienes podéis y debéis enseñarle a pensar, pero para ello hace falta discutir despacio y con paciencia con él. Recibiréis la recompensa el día que le oigáis defender ante sus amigos vuestras ideas preferidas, las que él ha combatido siempre en casa, y os parecerá que las defiende mucho mejor que lo habríais hecho vosotros mismos.

Vuestro hijo pretende también moverse solo. ¡Nuestra ambición! Esperemos que llegue a realizarlo un día. Mientras, hay algo mejor que contradecirle o burlarse. Hay que inspirarle, sugerirle hábilmente maneras razonables de comportarse. En vez de decirle: «harás esto», preguntad qué es lo que quiere hacer, quedará desconcertado, porque está seguro de querer lo que vosotros no queréis, pero raras veces sabe lo que quiere. Explicadle las diversas actitudes posibles y por qué adoptáis aquélla. Procurad confiarle responsabilidades antes de que se las tome por su cuenta, cuando todavía es bastante joven para sentirse halagado y agradecido, apreciar vuestros consejos y aceptar una crítica. Estimulad su iniciativa poniendo diversos medios a su disposición e interesándoos por sus cosas. Dadle doble dinero del que economiza. Pactad con él contratos libres. Dadle una habitación o un rincón para él. Agrupad en torno a vuestro hogar familias amigas que tengan hijos e hijas de su edad para que no tenga que ir a buscarlos lejos y solo. Así podréis mostraros liberales en sus salidas y amistades.

* * *

Hacéis todo esto y, sin embargo, estáis decepcionados. No veis ningún resultado. Vuestro hijo es una nulidad, es raro, inestable o insensible. No os desaniméis.

Educar es obra de optimismo y de paciencia. Acordaos de vosotros. ¿No luchamos durante toda nuestra juventud contra nuestros padres por mil tonterías en las que cifrábamos nuestra independencia personal: cerrar las puertas, dejarlas abiertas, lavarse las manos o peinarse antes de las comidas, ponerse las zapatillas, arreglar la habitación, qué sé yo...? Y ahora nos damos cuenta de que las imponemos a nuestros hijos con seguridad en la exigencia que viene de muy lejos, que se remonta precisamente hasta aquello contra lo que luchamos durante tanto tiempo. Vuestros hijos harán lo mismo. Si no os descorazonáis nunca ante su resistencia, un día, frente a la vida, ante los otros, ante sus propios hijos, un día se parecerán a vosotros.

3

EDUCACION
DEL SENTIDO RELIGIOSO

Naturaleza e importancia
del sentido religioso

E L sentido religioso es la facultad de percibir y gustar las cosas de Dios. Para hacer cristianos a nuestros hijos no basta conseguir que aprendan de memoria las oraciones y las respuestas del catecismo, que observen las normas y practiquen los ritos. Todo esto es necesario, pero probablemente será inútil si no hemos llegado a darles el gusto de Dios.

«Sólo nos arrastran, decía Barrès, las ideas que nos hacen llorar». Sólo se hace bien lo que se ama. Y san Pedro termina una larga lista de consejos espirituales recordando la condición indispensable para cumplirlos: «... por lo menos, gustad cuán dulce es el Señor».

Los puros de corazón verán a Dios. Pero para nosotros, no hay pureza sin purificación, es decir sin educación de la pureza. Nuestro corazón está obstruido por todo lo que no es Dios. Vivimos de impresiones y emociones casi siempre profanas. Acontecimientos insignificantes, una «plancha», un fracaso, una desatención, o... una sonrisa, nos alteran por mucho tiempo. Pero Dios y sus cosas ni nos mueven, ni nos impresionan nunca. Dios goza manifestándosenos. Pero a pesar de su poder, no puede darse a conocer a quienes están enteramente ocupados, ofuscados por todo lo que no es él. Un santo difiere de nosotros en que está atento para reconocer y conservar las impresiones que le vienen de Dios. Nosotros las malgastamos: nos excitan un momento, pero nos dejamos llevar luego por otras. Toda una educación, natural y sobrenatural, ha de enseñarnos a gustar, saborear, saber catar las cosas de Dios, no encontrarlas «insípidas».

Hay muchos cristianos que quieren creer, que huyen de no creer, pero habladles de Dios, de la oración, del evangelio: no les dice nada, no reaccionan, y no manifiestan más que una viva decisión de alejarse.

Otros creen de veras, se esfuerzan trabajosamente en ir hacia Dios por medio de oraciones penosas, comuniones frías, lecturas aburridas. Grande es su mérito y esforzada su aridez. Son dignos de estima y valen más que los sentimentales impulsivos. Pero tienen derecho a quejarse de que la educación ha desarrollado mal su naturaleza. La gracia no encuentra en ellos disposiciones que conviertan sus movimientos en algo tranquilo y vivo. Tendrían que estar animados por la fe, la esperanza y la caridad. El Espíritu Santo, a quien corresponde inflamar (*ignem accende*), consolar (es el paráclito), alegrar, hacer gustar, obra débilmente en ellos, como si no encontrase disponible y desarrollado todo un organismo natural con el que sus dones establecen contacto y al que anima: dones de sabiduría, de ciencia, de inteligencia, de consejo,

ordenados a penetrar, contemplar, [...]
terios de Dios; don de fuerza y de [...]
don de piedad: inclinación y facil[...]
Dios y amarlo como a Padre; do[...]
presenta las cosas de Dios tan [...]
sionantes que nos hace conceb[...]
Esos dones del Espíritu Santo son nece[...]
salvación; si faltan o están inertes, el hombre a[...]
no puede gustar las cosas de Dios, sólo gusta las de
la tierra. Pero los que viven según el Espíritu se
aficionan a las cosas de arriba.

Dificultades

Son raros los buenos profesores. Son raros los
que despiertan en sus alumnos el «sentido» de la
asignatura. Se pueden comentar indefinidamente obras
de arte sin educar el sentido estético. Encontraréis
virtuosos musicólogos eruditos, quién sabe, hasta algún profesor de música sin sentido musical. Un hombre «social», sinceramente afectado por la miseria
de las clases inferiores y forrado de teorías sociales,
puede estar desprovisto de todo sentido social. Un
profesor de comercio, por suerte o por desgracia,
puede no tener sentido comercial. Pero sobre todo, y
es lo triste, todos conocemos primeros premios en
catecismo o expertos teólogos sin sentido religioso.
Nada hay menos fácil que despertar y cultivar ese
sentido. ¿Cómo colaborar con el educador que actúa
dentro del alma y coordenar nuestra enseñanza con
sus aspiraciones? Hace falta un artista, hace falta una
madre para despertar el alma a sus gustos más pro-

65

s, para enseñar a escuchar, a concentrarse, a
r mejor lo que sabe, a traducir a su justo lenguaje
s «gemidos inenarrables».

Entra un niño solo en una iglesia. Impresionado
primero por su audacia contiene la respiración, inmóvil se hace piedra y se hace silencio. Luego se
serena, anda, admira la inmensidad del silencio que
los ruidos agrandan en vez de romperla, y sintoniza
poco a poco con su calma y su solemnidad. Pasea la
mirada alrededor, considera, reconoce, contempla. Se
encuentra a gusto. Se deja invadir e impregnar por
las nuevas impresiones. Va a descubrir lo que crece
en él bajo determinada influencia que le oprime y le
tranquiliza a la vez. Entra un adulto, le ve distraído,
manifiestamente no reza. «¿Qué haces ahí? —le
dice—. Vamos, reza una oración». El niño dice un
«Dios te salve María», y huye.

¡Cuánta gente ha huido! Cuando alguien formula
una pregunta, manifiesta interés por los problemas
religiosos, no es por tanto un incrédulo. ¡Todavía tiene curiosidad! Nuestros niños tenían algo que dar.
¿Cómo se han descorazonado?

La penuria de lo sagrado

La laicización. La pérdida del sentido de lo sagrado caracteriza la época de la que hoy estamos
saliendo gracias a una renovación religiosa admirable.
A. Carrel denuncia la atrofia del sentido de lo sagrado, tan nociva como la atrofia de la inteligencia:

El sentido de lo sagrado ha sido despreciado casi completamente. La atrofia de esas actividades fundamentales hace del hombre moderno un ser espiritualmente ciego.

Y Péguy decía:

La terrible penuria de lo sagrado es sin duda ninguna el sello del mundo moderno.

El mayor obstáculo actual para la vida religiosa de los jóvenes es que viven en un mundo profano, desconsagrado. Para adquirir, para conservar una disposición religiosa, han de dejar de respirar, han de controlar todos sus alimentos, purificar todas las influencias. Ya no hay cristiandad, sólo quedan cristianos, decía Ch. Moeller. Ya no se puede vivir la religión más que en «soledad», lejos del mundo. Es significativo que el gran ejercicio religioso moderno consista en irse, en retirarse del mundo para buscar fuera de él un ambiente sagrado, normal.

A un adolescente de hoy, el mundo se le presenta clara y simplemente como un apartamento moderno. En la ciudad en que vive, nada sobrepasa al hombre, ni lo espanta ni lo educa. Ya no hay misterio, ya no hay naturaleza, y queda poco arte. Sólo lo artificial. Comparando nuestras ciudades modernas con las de oriente en las que uno no puede dar un paso sin encontrar un altar, un templo, una inscripción, una imagen, es decir la afirmación de la presencia de un mundo invisible, Claudel no ve entre nosotros más que «almacenes de burgueses, silos de inquilinos, toneles y toneles de productos vegetales humanos». ¿Cómo despertar en sus habitantes el sentido de lo *tremendum et fascinosum,* de esa mezcla de terror y de admiración, de indecible amor, que es el sentimiento de lo sagrado? Ni siquiera las ceremonias religiosas lo crean habitualmente ya. Cada domingo por la tarde, se repite en el colegio una escena característica. A la hora de la bendición con el santísimo, cuando los alumnos se dirigen a la capilla, el patio, frente a la entrada principal por el que pasan, está abarrotado de automóviles, estupendos coches americanos, relucientes, nítidos, brillantes, resplandecientes. Invenciblemente, los alumnos se paran, forman círculos a su alrededor, discuten, comentan, rivalizan en erudición, a veces uno extiende la mano y «toca». Su corazón late emocionado. Ha dado con el sentido de lo sagrado.

Entra luego en la capilla. Pero el «culto» ha terminado. Doblan rápidamente la rodilla y se arrellanan en su sitio. En la pobre custodia dorada, la hostia blanca, en medio de velas y flores, no es capaz de retener la mirada que se pasea distraidamente buscando algo que valga la pena. ¿Dónde están las carrocerías deslumbrantes, los enormes motores henchidos de poder, los focos potentes y fríos?

Conclusión: en el mundo moderno, la religión se ha convertido y se convierte cada día más en un fenómeno individual. Se vive a contra corriente. La juventud es la edad en la que se vive más sensible a las influencias y a las modas. Nuestros jóvenes cristianos viven con una conciencia dividida. Con frecuencia estiman la religión, quisieran tener fe. Cuando les describimos la verdadera vida cristiana la admiran, pero se encuentran incapacitados para vivirla en su ambiente. Se sienten, a su pesar, paganos. Habría que cambiar, innovar, rehacer demasiadas cosas. Si durante las clases de religión ponen objeciones y se colocan espontáneamente de parte de los adversarios, no es por hostilidad, sino porque desean descargar sobre nosotros el peso formidable de toda la vida real organizada fuera de los principios religiosos. Se sienten intranquilos porque se saben mucho más de parte de su época que de parte de la fe. Habría que «cambiarlo todo», piensan. Pero son pocos los que lo desean y los que se sienten con ánimos. Y es muy penosa la idea de continuar toda la vida descuartizados entre dos tendencias inconciliables: no quieren sacrificar la una y saben de sobra que nunca tendrán fuerza para resistir a la otra.

La familia

Sólo existe un ambiente en el que es posible la educación religiosa, no hay más que una protección eficaz contra las influencias profanas, un rincón en el que la llama de la vida religiosa puede estar suficientemente protegida y alimentada: la familia. El más pobre, en su casa es dueño. Lo que no pueden ni la propaganda, ni las manifestaciones públicas, ni las medidas de la autoridad, ni las mayorías políticas, ni los «cursos» y los «sermones», la familia lo hace viviendo sencillamente su vida. Nadie como un padre o una madre tiene el poder de revelar a Dios a sus hijos y de crear un ambiente en el que se respire lo sagrado.

Cierta propaganda, muy natural pero peligrosa, ha metido a muchos padres la idea de que su deber religioso esencial consistía en mandar a sus hijos a las escuelas cristianas. Se ocupan de la primera formación religiosa pero, incluso padres cristianos, actúan como si su tarea terminara y su competencia desapareciese en el momento en que el hijo va a la escuela. Pero la experiencia muestra cada día que ni la escuela cristiana ni las obras pueden reemplazar a la familia cristiana. Más aún, la escuela sufre por la confianza excesiva que se le ha concedido. Muchos alumnos ya no reciben en casa una formación religiosa, y su presencia, mayor cada día, impide a la escuela cristiana responder plenamente a lo que esperan de ella las familias. La confianza que los padres depositan en la escuela sólo se justifica si es limitada y su acción sólo es eficaz cuando las familias colaboran.

De hecho educa «lo que entra por los ojos». A medida que se avanza en la vida, uno va descubriendo, admirado, el poder de la primera formación: la que se recibe en el hogar. Me atrevo a decir que la adolescencia y sobre todo la madurez son los períodos en los que se deja de aprender: es cuando el hombre más trabaja y cuando menos aprende. El gran momento de la educación es la infancia, tiempo de la confianza, del juego feliz, de la docilidad fácil a las influencias, tiempo en el que se crean las primeras costumbres, en el que se graban los recuerdos imborrables, en el que se asimilan a base de convicciones profundas las tradiciones de familia.

Lo que actúa sobre vuestros hijos a esa edad, no son, aunque se crea lo contrario, vuestras lecciones y vuestros consejos, y me atrevería a decir que ni vuestros ejemplos, los famosos buenos ejemplos que se reciben en familia, sino lo que sois y lo que vivís. Vuestros hijos no vivirán más que de vuestra vida:

> Los hijos respiran, comen, beben la vida de sus padres. En la medida en que éstos vivan física, moral, espiritualmente, en esta misma vida vivirán los hijos. La educación es una transfusión de vida (E. Caffarel).

Es ésta una verdad que nos impresiona vivamente a todos los que nos dedicamos a la educación. Es terrible tener que decir: nuestros hijos viven la misma vida que nosotros. Qué vergüenza se siente y qué ansiedad por la mediocridad que se aceptaría si sólo fuese la nuestra, pero que ellos rechazan desesperadamente. «Un alma que se eleva, eleva el mundo», nos decían cuando éramos jóvenes. Pero cuando se es padre, cuando se es madre, esta llamada se convierte en un deber: ¿cómo elevar a nuestros hijos sin elevarnos nosotros? Jesús decía: «Me santifico por ellos para que también ellos sean santificados en la verdad».

El motivo profundo de esta exigencia está en que la revelación de Dios a vuestros hijos se hace primariamente por medio de vosotros. Cuando Dios quiso describir quién era, qué nombre era el que había que darle, la imagen que había que hacerse de él, se reveló padre. La imagen de Dios en el corazón de vuestros hijos es una imagen que se os parece y aprenden ellos los atributos de Dios en las virtudes de sus padres. La idea que vuestros hijos tendrán de Dios guardará siempre algo de la idea que se hayan hecho de vosotros. Los educadores que vengan detrás de vosotros se extrañarán de la esterilidad de sus enseñanzas, de la inercia de sus alumnos, si éstos no pueden extraer de los recuerdos de su infancia y de su experiencia familiar las imágenes, las ideas, los sentimientos que les presenten un Dios vivo.

Durante mucho tiempo vuestros hijos han creído que erais todopoderosos. Nada os era imposible, sus mayores dificultades las allanabais con facilidad, nada escapaba a vuestra ciencia o a vuestro poder. Nuestros pequeños internos dicen con frecuencia en la enfermería del colegio: «Si mi madre estuviese aquí, me curaría en seguida». Sólo en la familia puede adquirir el niño el sentimiento religioso fundamental de la confianza en la omnipotencia de otro.

También la justicia es una experiencia familiar. Fuera de la familia, el muchacho no encuentra más que injusticias. En el colegio, los primeros de clase a veces trabajan poco mientras que los que trabajan fracasan. En el juego, triunfa el más fuerte, que no siempre es el que juega mejor. Los superiores se dejan engañar por los hipócritas o se mueven por cualidades aparentes. Pero en casa cada uno recibe lo merecido, se muestra como es y si quiere colocarse en el lugar del otro vuelve al suyo inmediatamente. En el fondo de su corazón ávido de justicia, el niño sueña en un juez imparcial. No llegará a creer en la justicia de Dios si no se ha alimentado durante mucho tiempo con vuestra justicia.

Pero lo que aprenden sobre todo en casa es que el amor existe y que la verdadera fuerza que mueve el mundo y que da felicidad, no es, como imaginan los hijos maleducados, el dinero, la violencia, la mecánica o las ametralladoras, sino el amor. Dios es amor, se dice a los niños. Pero ¿qué pueden saber del uno y del otro si no aprenden a conocer, a respirar, a admirar el amor en vuestro hogar familiar?

Amor que les ha hecho nacer, que les hace crecer y les alimenta. ¿Qué necesitan los hijos para su educación religiosa? Que os améis vosotros antes, que les améis primero, que sientan antes el afecto, la atención, la admiración, la confianza que os tenéis mutuamente, para que puedan descubrir el eco, el reflejo de otro amor del que el vuestro es una revelación. ¿Qué hemos de hacer para conseguir que nuestros hijos sean más religiosos? Ser padre más plenamente, ser madre más plenamente, mostrarles un amor y un respeto inspirados directamente en el corazón de Dios. Estáis encargados de una misión aplastante: revelar al Padre, y os incumbe a los dos porque padre y madre, juntos, revelan al Padre, su energía y su ternura, su autoridad y su dulzura. Sólo el niño que haya conocido la fuerza y la bondad paternales podrá tener una idea justa del Padre.

Tener un hijo, educar un hijo, es antes que nada refugiarse, cobijarse junto al Padre, para beber sin cesar nuestro amor en el suyo, suplicarle que venga a nosotros para amar a ese hijo como necesita ser amado, confiarle desesperadamente esa frágil vida ante la que sentimos como nunca la impotencia de nuestros mejores anhelos.

Qué cambio para nuestra vida religiosa la de esa ardiente aspiración al Padre, nacida de nuestra aspiración a una paternidad más verdadera y más profunda. Gracias a ella, nosotros, que somos malos, nos hacemos buenos para nuestros hijos, y nosotros que no conocemos al Padre —nadie conoce al Padre—, entramos en conocimiento de los secretos, de la intimidad, en la participación de aquel de quien recibe su nombre toda paternidad en la tierra y en el cielo. Nuestro amor a nuestros hijos nos revelará al Padre, y a causa de este deseo, de esta necesidad de amarlos mejor, con qué ímpetu, con qué sinceridad no suplicaremos al Hijo: «Señor, muéstranos al Padre».

Y por amarles así, por irradiar hacia ellos todo el amor, la fuerza, el respeto del Padre, iniciaremos a nuestros hijos, precisamente así, en su condición filial. Cuando se sientan amados con un amor que viene de lo más profundo del corazón de Dios y que se dirige en ellos a alguien mayor que ellos, no podrán menos de ser hijos, de hacerse Hijo, serán educados con plena naturalidad en la hermosa condición de hijos de Dios y señalados, marcados con su nobleza familiar. Hay en san Juan todo un tratado de educación que señala las disposiciones que hemos de cultivar en nuestros hijos para que aprendan a asemejarse al Hijo: disposiciones de confianza (el Padre me escucha siempre - el Padre ama al Hijo y le muestra lo que hace), de sumisión (yo hago siempre lo que le gusta), de atención interior (juzgo según lo que oigo), de grandeza de alma (el Padre y yo, somos una misma cosa).

A veces, cuando en la sala de visitas oigo a ciertos padres que se quejan de sus hijos (¡y vaya hijos!), tengo ganas de contestar con un solo versículo del evangelio: «El Hijo no puede hacer nada por sí mismo, sino sólo lo que ve hacer al Padre. Pero si el padre ama al hijo, le muestra todo lo que hace. Entonces todo lo que hace el padre, lo hace el hijo por igual». ¿Qué padres tienen la paciencia y dedican tiempo a mostrar a sus hijos lo que hacen, lo que los hijos han de aprender a hacer, para que todo lo que hace el padre, el hijo lo haga igualmente? Y esto vale también para el trabajo y la honradez. ¿Cómo es posible que tantos padres trabajadores tengan hijos perezosos? Porque nunca han dedicado tiempo a mostrar a sus hijos lo que hacen, lo que conviene que hagan.

Muchos padres sólo se preocupan de crear un ambiente perfectamente confortable en el que ellos encuentran recompensa y descanso de su trabajo, pero en el que los hijos sólo aprenden la ociosidad y el lujo. Hay que fijarse bien en este hecho: hay padres emprendedores, perseverantes, entregados, que lejos de transmitir a sus hijos las cualidades que a ellos les han hecho triunfar, les dispensan de practicarlas, haciéndoles vivir una vida demasiado fácil y agradable.

Pero es más verdad todavía respecto de la vida religiosa y de la oración. Se equivocan lamentablemente los padres que creen que su religión tradicional, apagada y conservada ya sin lucha ni problemas, va a bastar a sus hijos. Estos, si tienen un mínimo de valor y de personalidad, han de reaccionar y poner en duda las costumbres establecidas. Tienen necesidad de encontrar en sus padres una religión viva, activa, militante. Para qué sirve la oración en familia, si el padre no toma parte, pero sobre todo si los padres verdaderamente no rezan, si se contentan con simular que rezan, y se prestan así a una especie de comedia infantil en la que los hijos son los primeros en notar el carácter oficial y el desagrado.

Se habla a los hijos de santificar el domingo. Pero para la mayoría el domingo es en casa el día más molesto de la semana. Pueden darse dos extremos. O los padres no ansían más que descansar, distraerse, y después de haber intentado en serio convencer a los hijos para que se unan a su descanso se los llevan a sus distracciones, viajes en auto, comidas en hoteles o espectáculos para adultos que no les convienen; o bien, otras veces, los padres son católicos activos, que se ocupan de obras de apostolado, de retiros, de acción católica. Entonces el padre y la madre siempre están fuera. Los hijos quedan abandonados y no se hace nada para organizar su domingo. La verdadera santificación del domingo está en pasarlo en la alegría de la familia, en la unión de padres e hijos, reunidos por fin después de una semana de trabajo y reavivando el amor mutuo por medio de distracciones y descansos adecuados.

Educar es educarse. Sólo enseñaréis a vuestros hijos lo que habéis llegado a ser vosotros mismos. Si queréis que cambien, tenéis que cambiar. Si queréis que se acerquen a Dios, tenéis que pareceros a él vosotros antes. Si queréis que lleguen a ser Hijo, sed Padre.

Gestos, seres, objetos

Un niño sólo aprende con la acción. Para saber ha de hacer. Imita, juega lo que piensa. Del niño sobre todo se dice: hay que obrar como se piensa si no se quiere pensar como se obra. Pero ¡son tantos los muchachos que nos llegan sin haber aprendido gestos religiosos, actitudes respetuosas! Todos sus gestos son paganos: no se molestan por nada; entran en la capilla (y salen, sobre todo) con el mismo porte conquistador y apresurado que si estuviesen en el recreo; caricaturizan una genuflexión, y se sientan en el banco como si estuviesen en el cine.

La religión ha de entrarles en el cuerpo antes de entrarles en el espíritu. Tenemos que enseñarles a comportarse de manera religiosa, juntar las manos, respirar, guardar y respirar también el silencio, andar respetuosamente. No es poco enseñarles que andar es orar. San Francisco Javier convertía a los japoneses andando: al verle avanzar en silencio, recogido, lleno de dulce gravedad y alegría, nadie podía ignorar en qué presencia vivía y con quién hablaba interiormente. El respeto, la admiración, son sentimientos naturales a los pequeños. Se maravillan fácilmente. Qué oportuno cultivar esa disposición para educarles en el respeto, que es el mejor homenaje de amor. Revelar a los muchachos todas las cosas sagradas que hay en el mundo y el respeto con que han de tratarlas: el pan, el trabajo propio y ajeno, la naturaleza, la belleza, pero también, y sobre todo, el pobre, el anciano, el débil, el extranjero, Dios. Qué misión tan prodigiosa, tan bienhechora para el que la cumple como para aquel a quien se dirige.

La sagrada Escritura

Pero además de la enseñanza religiosa que el niño respira normal y naturalmente a través del espíritu familiar, quedan otras formas de revelación divina a las que han de llevarle los padres. Después de haberle hecho respirar a Dios en familia, los padres ayudarán al niño para que le encuentre en su libro, en sus imágenes, en los sacramentos, en el culto, en sus representantes.

Le contaréis la revelación progresiva del amor de Dios, desde el paraíso cuando Dios bajaba a hablar familiarmente con Adán al caer la tarde, cuando Dios comenzaba a hablar de sí, a confiarse, a darse. Luego, renovando el diálogo interrumpido por Adán, Dios habla por los profetas hasta el día en que nos habla por su Hijo, cuando la Palabra se hace carne para darse, para entregarse totalmente y permanecer con nosotros para siempre.

Os complaceréis en contar a vuestros pequeños las hermosas historias del sufrimiento de los justos, de las persecuciones, que les prepararán para comprender y amar al Justo: historia de Abel, de José, de Moisés, Isaac, David, y la de Sócrates también.

Del evangelio, olvidad todo lo que creéis conocer, y con el discernimiento sobrenatural que viene mucho más de vuestro amor paternal que de vuestras experiencias religiosas, en un esfuerzo de imaginación, que es la única fidelidad, «inventaréis», es decir descubriréis los rasgos que responden a la espera instintiva, por no decir la preparación divina de vuestros hijos. Poder infinito de Jesús sobre los cuerpos y sobre las almas, pero poder oculto que sólo se muestra para servir al bien.

Ternura, familiaridad de Jesús con la gente sencilla que trabaja, pesca, se casa, muere o cae enferma; su amabilidad hacia quienes se le acercan por todas partes, le siguen, gritan, empujan, y que los apóstoles quieren hacer callar o alejar de él. Justicia intransigente, noble, al servicio de los débiles y de los oprimidos, contra los poderosos y los hipócritas. Audacia, fidelidad a la misión, desprecio del peligro, dignidad ante el ultraje, amor a la naturaleza, ternura con los amigos, entusiasmo por su Padre.

Les haréis comprender, sobre todo, lo humano que era, que está más cerca de ellos de lo que piensan, que no tienen que contorsionarse para parecerse a él, sino crecer, y que el gran motivo por el que no son más religiosos, no está en pasar poco tiempo en la iglesia o dedicar poco rato a la oración, sino en no ser más generosos, más compasivos, más auténticamente ambiciosos, más sensibles, en una palabra, más humanos.

En fin, les enseñaréis a encontrarle en los santos y en cada hombre, en todos los que manifiestan a Cristo, en quienes se prosigue la pasión. Les diréis cómo cobra vida la vida, cómo se hace misteriosa y palpitante, cuando detrás de cada pobre se puede descubrir a Cristo, la providencia en cada acontecimiento. Se ejercitarán en descubrir a Jesús en la fracción del pan, para aguzar su sensibilidad a todas las otras presencias. Haréis que se apasionen por la gran aventura de la salvación del mundo, en la que la fe explica y predice todo lo que va a pasar y en la que al mismo tiempo corremos el riesgo de desanimarnos y aterrorizarnos.

Velad porque no sabéis cuándo vendrá el Señor, si al atardecer, o entrada la noche, o al canto del gallo, o al amanecer, no sea que al llegar os encuentre dormidos. Y lo que os digo a vosotros se lo digo a todos: velad.

El sacrificio

El niño es naturalmente generoso. Muchos educadores desarrollan esa noble tendencia con unos medios dudosos. Respetemos una jerarquía esencial: la educación cristiana es antes que nada una iniciación al amor que Dios nos tiene. Importa mucho más lo que Dios hace por nosotros que lo que nosotros hacemos por Dios. Toda la religión cristiana consiste no en que nosotros hayamos amado a Dios, sino en que Dios nos amó primero.

Nada tan peligroso como querer rivalizar en generosidad con Dios, antes de haber comprendido la suya. Nada tan farisaico como querer ser dignos de ser amados por Dios antes de admitir que él nos amó a nosotros, indignos. Si esta verdad se oscurece, Dios se convierte inmediatamente en el que recibe, en vez de ser el que da, el que recibe en vez del que da el poder dar. Entonces el hombre ocupa el lugar de Dios, y se hace mejor que el Dios que se imagina. Cuando piensa en él, o descubre los sacrificios que Dios va a pedirle y evita fijar en él su pensamiento, o tiene en cuenta más sus sacrificios que Sus beneficios, poco a poco considera a Dios como un bienhechor rencoroso.

El niño, contable voluntario, jurista, ingenuamente interesado, práctico, judaizante, llenará voluntariamente sus «cartillas de sacrificios» y acumulará méritos sin ganar en generosidad verdadera, y, lo que es peor, sin ganar en amor de Dios.

Sin duda, el sacrificio es indispensable para el amor, para expresarlo y fortalecerlo. Pero el amor es todavía mucho más necesario para el sacrificio. Se trata de una espiral, cuyo punto de partida es la iniciativa divina. Sólo después de maravillarnos y penetrar en la prodigiosa bondad de Dios hacia nosotros podremos dejarnos ganar por ella y empezar a imitarla.

La adolescencia

En la adolescencia vuestra intervención en la formación religiosa ha de hacerse más discreta. El adolescente manifiesta en todo su independencia y voluntariamente se hace receloso. A esta edad, basta que se le imponga algo para hacérselo despreciar. Usad de vuestra autoridad sólo para lo esencial y acordaos que si tenéis que obligar es que habéis fracasado, y que hay que cambiar de método.

El verdadero régimen de la adolescencia es el de la libertad ayudada, guiada, inspirada. Procurad que se acueste pronto para que pueda levantarse puntual por la mañana. Y que en vacaciones la hora del desayuno favorezca a los que hayan ido, así lo espero, con vosotros a misa. Orad más si ellos oran menos, y pedid en vuestras oraciones la paciencia y la alegría que les harán desear parecerse un día a los que rezan.

Haced que os ayuden, favoreciendo el contacto de vuestros hijos con sacerdotes de valía y con obras de apostolado interesantes. El muchacho ha de vivir en familia, pero no en una incubadora. Que vuestros hijos se enriquezcan en un círculo progresivamente más amplio, pero escogido por vosotros, con todo lo que la vida familiar no puede ofrecerles, como experiencias, responsabilidades, contactos. No dejéis esta tarea en manos de los educadores de fuera. Los padres clarividentes están en estrecho contacto con el sacerdote, el jefe del equipo, el profesor, para ayudar a los hijos a sacar el máximo provecho de todas sus influencias y para fortificar su personalidad.

Ensanchad vuestra mentalidad religiosa y mejorad su presentación. Si insistíais antes en la regularidad, la perfección de la actitud en la oración, los pequeños actos de generosidad, en la devoción a Jesús y a María, entusiasmadles ahora con un ideal muy humano: llegar a ser un hombre, un *gentleman,* un héroe, un jefe. Que no confundan la vida religiosa con las prácticas de piedad (que con frecuencia les aburren). Enseñadles a juzgar a las personas y los valores religiosos por el influjo vital que ejerzan o manifiesten: ánimo, generosidad, trabajo, entrega. Mostradles en la religión lo humanamente grandioso que instruye profundamente al hombre, permite juzgarlo con justicia y sobre todo crea una clase de hombres más generosos y más simpáticos que los otros.

Entonces el muchacho notará que no se le ahoga, sino que se airea, que se le ayuda a crecer. De hecho, hacia los catorce años se sufre una sobrealimentación religiosa. Hay que enseñar a consumir. La mayoría de los adolescentes carecen de vida religiosa, pero es porque carecen de ideal. El trabajo mediocre, la mediocre ambición y los amigos y lecturas mediocres, no acaparan ni emplean siquiera sus fuerzas, sus recursos naturales. ¿Y qué van a hacer, Dios santo, de las fuerzas sobrenaturales? Por esto el gran medio para llevarles a Dios es darles primero un gran ideal humano. Esto excitará un gran apetito, no les bastarán sus fuerzas y se justificará un mínimum de prácticas religiosas.

Y si habéis tenido éxito, si el ideal que les habéis presentado es suficientemente elevado, si sus responsabilidades son verdaderamente pesadas, sufrirán la indispensable experiencia de su debilidad radical, verán que el hombre es débil, que nunca hace lo que quiere. Si habéis rezado debidamente, si les habéis preparado, entonces encontrarán a Cristo. Gritarán angustiados hacia él, le dirán que no aguantan ser tan mediocres, tan desequilibrados, incomprensibles, tan incapaces de ser ellos mismos. Entonces, como tantos otros antes, como nosotros mismos, si tuvimos esa dicha, encontrarán a Dios, aprenderán a reconocerle por lo que obrará en ellos; experimentarán que para la fe no hay nada imposible; que con Dios lo imposible está a la orden del día y que Cristo hace en ellos todo lo que antes les resultaba imposible.

Pero más tarde aprenderán una lección todavía más difícil: que de lo que Dios nos libra no es tanto de nuestros vicios como de nosotros mismos, y que el unico medio de librarnos de nuestro orgullo, de nuestro egoísmo, de nuestra inercia, es ser liberados de nosotros mismos por otro que llega a ser más nosotros que nosotros mismos.

Bienaventurados los padres que hayan asistido como discretos confidentes, o sólo como testigos afectuosos y fervorosos, al descubrimiento personal de

Cristo hecho por sus hijos. Habrán mostrado la delicadeza de su sentido religioso dejando que a su lado crezca una personalidad religiosa distinta a la suya. Así habrán inculcado a sus hijos la mayor verdad religiosa, más importante que todo el dogma, que todos los sacramentos, los ritos y las actitudes: la religión es algo que está siempre por descubrir, nadie la tiene en exclusiva, que los hijos no han de juzgarla por sus vivencias, ni por lo que vean a su alrededor, que sigue siendo algo muy distinto, mucho mayor, más hermoso y bienhechor. Bienaventurados los padres que saben que la religión es un campo en el que hay que permanecer siempre joven, en el que hay que hacerse cada día más niño, en el que siempre hay que aprender, descubrir que todavía no se había comprendido, que por mucho que se adelante siempre habrá que comprender más, y que es el hogar en el que todos somos hermanos y hermanas de nuestros hijos, donde comulgamos en una perpetua búsqueda y donde los mejores descubrimientos con frecuencia son los que hemos hecho escuchando y mirando a nuestros hijos.

Ellos al imitarnos nos adelantan, y la gran recompensa de los padres cristianos está en descubrir un día que, creyendo únicamente imitarnos, han aprendido a parecerse a otro del que nunca hubiéramos llegado a imaginar que reproducíamos sus rasgos con tanta fidelidad.

* * *

No hay que empezar nunca por enseñar a rezar a los hijos. Hay que aguardar a que ellos lo pidan.

El arte del educador está en suscitar la necesidad y el gusto, y no en forzar lo que no se desea. El gran error de la enseñanza religiosa es el autoritarismo y la sobrealimentación. A los pobres niños provisionalmente, en previsión de lo que no van a querer ya a los dieciocho años, se les imponen todos los sacramentos y toda la doctrina cristiana.

Esto, por lo general, les inmuniza para toda la vida. Un muchacho, una muchacha, al dejar el catecismo y, sobre todo, al salir de nuestros colegios, precisa por lo general de dos o tres años, a veces más, para vomitar el rencor de su reacción (hay que evitar dar prematuramente la buena religión mezclada con la mala, no sea que rechace la una con la otra. ¡Más vale esperar!).

Hay algo peor que las preguntas sin respuesta de los incrédulos: son las respuestas sin pregunta de la enseñanza religiosa. Habría que cambiar el Padrenuestro para la mayoría de nuestros alumnos: no hacerles decir «el pan nuestro de cada día dánosle hoy», sino «danos hoy un poco de gusto, un poco de apetito, un poco de curiosidad de Dios».

Muchos maestros cristianos intentan vanamente hoy disminuir sus exigencias para reconciliarse con sus alumnos: dos misas por semana, una misa por semana, una misa al mes. Siempre es demasiado para los estómagos rebeldes y con bascas. Las madres inteligentes saben la causa de la inapetencia: cuando un bebé no quiere comer, es que su madre está demasiado nerviosa, demasiado ansiosa de alimentarle. ¡Cuántos adolescentes sufren de inapetencia religiosa! Uno llega a desear una tregua con Dios, una suspensión de toda enseñanza religiosa para que hombres y mujeres un día la reclamen ellos mismos.

Los padres, para quedar tranquilos y hasta para enternecerse, se apresuran a enseñar a sus hijos los gestos y las fórmulas de piedad: les hacen hacer su oración.

Es precisamente lo que no hay que hacer.

El autoritarismo del adulto suscita infaliblemente la rebelión, la resistencia del niño. No hay acción sin reacción. El niño ha de oponerse, más pronto o más tarde, a lo que le imponéis. Esto explica las habituales escenas de la oración familiar, o peor aún, de la oración de los niños: follones, risitas, caprichos, todo lo que sirve al niño para manifestar su falta de participación en lo que se le manda.

Y, si no se opone, sabed que una docilidad excesiva es más sospechosa todavía ¿No se habrá dejado «llevar» demasiado?

Hay padres y predicadores que se quedan extasiados ante ciertas conductas «piadosas» de los hijos, pero ¡pobres de los educadores que vengan detrás! Por mucho que os empeñéis, lo que es natural vuelve inmediatamente. No atosiguéis a vuestros hijos. Son capaces de cualquier cosa con tal de poder imitaros y merecer vuestro aplauso. Empeñaos, aun contra ellos mismos, en que se mantengan auténticos e independientes.

Los padres están locos por hacer tonterías con los hijos, pero a los hijos no les gusta demasiado hacer tonterías con los padres. Los hijos quieren ser como los adultos: que rezan cuando quieren y que ordinariamente no rezan.

La única manera de enseñar a rezar a los hijos... es que recen los padres. Que los padres recen rezando, no para «dar buen ejemplo», sino por convicción y por necesidad.

No conozco ningún niño, salvo los estropeados prematuramente a causa de opresión o intoxicación, que no quiera llegar a ser como su padre o como su madre.

No conozco ningún niño, excepto si se le ha quitado el gusto por la oración imponiéndosela, que no pida permiso a sus padres para asociarse a su oración... si los padres rezan, si es una actividad de personas mayores, y por tanto un atractivo y un honor para los hijos.

Si el padre reza, si la madre reza, si en un momento dado los padres se apartan o se recogen para leer juntos la sagrada Escritura en una habitación cercana o en un rincón de la habitación, estad seguros de que los hijos se les acercarán, les imitarán ingenuamente y pedirán que les dejen tomar parte.

He conocido a madres suficientemente inteligentes para decir a sus hijos de tres o cuatro años, antes de entrar en la iglesia: «Mamá va a entrar a rezar. A ti te cansaría. Por esto te voy a llevar a casa o con unos amigos». Inevitablemente el hijo pedía acompañarla. La madre se dejaba convencer advirtiendo al hijo que la avisase cuando quisiese marchar. En la iglesia la madre no se ocupaba del hijo (hubiera bastado hacerle rezar para romper el encanto): rezaba. El niño la observaba, la imitaba, miraba alrededor, daba unos pasos en silencio, volvía. Y sucedía a veces que esa lagartija inquieta y nerviosa decía, después de un cuarto de hora de calma, a su madre que se disponía a salir: «¿Ya? Se estaba bien».

Conozco un párroco tan inteligente que organizaba junto a la iglesia, cada domingo, una guardería infantil para muchachos de uno a doce años, con juegos y encargadas. Los padres dejaban libres a los hijos antes de entrar en la iglesia. Los niños, invariablemente, iban a jugar una o dos veces, pero siempre terminaban por acompañar a sus padres. Hay que hacer notar que se trataba de misas vivas, en las que los niños veían cantar a sus padres, tomar parte, intervenir, orar.

El cordón umbilical sólo se corta aparentemente. Un niño reza en el vientre de su madre, en simbiosis con su padre. Todo lo otro corre el peligro de ser hipocresía y rebelión.

Si vuestro hijo se niega a rezar en familia, ¿no será debido a que, ¡por fin!, afortunadamente se opone a vuestra tiranía o a que vuestra rutina le ha defraudado?

Con frecuencia la solución está en proponerle que sea él el responsable de la oración familiar. Estáis ya suficientemente maduros como para rezar bajo la dirección de vuestros hijos. Pero ellos no lo están bastante para rezar pasivamente bajo la vuestra.

Claro que habrá que facilitarles con toda discreción textos, sugerencias, consejos. La preparación puede llegar a ser mucho más formativa que la misma oración.

Si vuestra hija no quiere rezar ya, si dice que ha perdido la fe, procurad que una familia amiga le encargue la instrucción religiosa de un niño enfermo.

Es tanta la necesidad de autoafirmación en un adolescente que es capaz de oponerse a todo lo que se le imponga. Sólo se siente libre cuando puede escoger la manera de ser él mismo.

La respuesta inteligente a un hijo de 7 a 20 años, que muestra disgusto ante la misa dominical es ésta: «Yo nunca te obligaré a ir a misa. El Señor no quiere contemplar a unos prisioneros, unos recalcitrantes, a unos burros de carga; él invita a sus hijos y a sus hijas. Se tarda cierto tiempo en comprenderlo y en querer encontrarse con él. Yo he tardado más que tú. La misa no es un acto que se hace por capricho. No quiero que cada semana armemos un escándalo por eso. Piénsalo despacio y ya hablaremos luego. Me dirás la decisión que tomes para seis meses, y si es negativa, te aseguro que Dios puede comprenderte y que siempre te escuchará. Pero, en este caso, te pido que no quieras separarte de lo que nosotros, tus padres, llevamos en el corazón: lee un libro, permíteme que te hable de esto alguna vez, ven con nosotros a escuchar una emisión o una conferencia religiosa que valga la pena».

¿Y el pecado mortal?

Vosotros sois la Iglesia para vuestros hijos. Sois responsables de que a los veinte años, cuando salgan de casa, vuestros hijos vayan libremente a misa. Es una carrera de fondo, no de velocidad; dominad vuestra respiración y la suya. La intención de la Iglesia

¿es forzarles hasta la rebeldía? Vuestro deber consiste en alimentar unas convicciones que vayan más allá de unos hábitos mecánicos.

«Pero, diréis todavía, usted renuncia a toda disciplina. Usted es uno de esos educadores modernos...»

Cuidado, yo soy un convencido partidario de la disciplina, de la obligación y de la sanción en todo, menos en el campo religioso. Es éste un campo demasiado sagrado, afecta demasiado a la conciencia, para que intervenga la autoridad. No podéis hacer nada bueno en el orden de la fe sin lograr el consentimiento interior. Ya es hora de que se empiece a respetar la libertad y la conciencia de los jóvenes católicos.

Es un odioso atentado contra la conciencia obligar a un muchacho de doce años a que haga la «profesión de fe» o a que reciba la «confirmación».

Muchos muchachos al obedecer son sinceros: no se conocen a sí mismos ni conocen la vida. La deslealtad, la hipocresía está en los adultos, padres y sacerdotes, que les llevan a comprometerse con algo que de sobra saben que no van a poder cumplir.

Pero hay que obrar con mucho tacto aun en los casos en los que los padres son tan cristianos que no tienen en cuenta los condicionamientos sociales. Porque, aun cuando el muchacho se tome las cosas en serio, se necesita mucha fuerza de voluntad para no hacer como los otros y tener que singularizarse oponiéndose a una ceremonia, a una fiesta y a unos regalos. Esto sólo es posible si se siente acompañado.

Nuestro verdadero educador religioso es el Espíritu Santo, y su papel principal, por medio de sus dones, es darnos el gusto por las cosas de Dios; «gustar el bien» quiere decir tener el sentido de lo que está bien, no encontrar «insípidas» las actividades religiosas.

No tenéis nada que hacer con la juventud actual si sólo le habéis impuesto la práctica de los sacramentos y la observancia de la ley de la Iglesia. Antiguamente teníamos todavía la disciplina suficiente para someternos conscientemente. Una vez en misa por obligación, éramos capaces de orar sinceramente, lo que no hubiera sucedido al no haber ido por propia voluntad. Pero la generación actual es alérgica a toda imposición. Y no sólo los jóvenes. ¿Qué persona respeta la autoridad por ser autoridad, ya sea civil, militar o religiosa? Todo se discute. ¿No sería hipócrita imponer a vuestros hijos lo que no aceptáis para vosotros mismos?

Dejemos ya de hacer intervenir en cuestiones religiosas al «brazo secular», aunque sea el nuestro.

Dios desea hablar al corazón de vuestros hijos a través de vuestro ejemplo, por la irradiación de vuestra fe, por el testimonio de vuestra oración. Dios tiene sus medios propios que son los medios del amor. Propone, no impone.

Vuestros hijos le oirán como vosotros, si es que le habéis oído.

¿No es éste el método del evangelio?

¿Os habéis fijado cómo Cristo educó religiosamente a sus apóstoles? No les impuso ni oraciones, ni rosarios, ni oficios. El rezaba, noches enteras, mucho tiempo solo.

Y una mañana que volvía sereno, apacible, radiante, se le acercaron los discípulos y le dijeron: «Señor, enséñanos a orar».

El arte de la educación religiosa consiste en hacer que nuestros hijos tengan ganas de ser como nosotros, como los que oran.

4

COMO ENSEÑAR A TRABAJAR A NUESTROS HIJOS

No hay profesión más desmoralizada que la de estudiante.

Uno queda espantado de los sabotajes en las fábricas. Pero ¿no son mayores los sabotajes en la escuela? Inercia, indiferencia o disgusto para el trabajo: clases atascadas, alegrarse cuando el profesor se olvida de recoger los trabajos o de preguntar la lección, y no digamos el júbilo si se pone enfermo, declarar huelgas, trampear, engañar, mentir para esquivar un trabajo o una sanción.

La mayoría de nuestros alumnos estudian de mala gana. Foerster dice que no hay clase por la que constantemente no avance una corriente subterránea de rebelión, una insubordinación latente. Es increíble la resistencia que despliegan nuestros alumnos frente al estudio. Son capaces de pasar seis años de estudios humanísticos de victoria en victoria para desconocer la gramática latina, por ejemplo, a pesar de innumerables clases, revisiones y lecciones sabidas el tiempo justo para examinarse, pero inmunes totalmente a retenerlas, a comprenderlas, a hacérselas suyas de verdad.

Los padres y profesores están tan acostumbrados a esta postura que ni se sorprenden siquiera. Y sin embargo es triste pensar que nuestros muchachos van a pasarlo mal durante unos años, que van a estropear sus estudios o por lo menos a no aprovecharlos de verdad, y esto precisamente en la edad más espontáneamente generosa, la más dispuesta al entusiasmo, al júbilo, a la actividad desbordante.

Y ¿qué se va a hacer, sin interés, en un trabajo intelectual que no puede forzarse desde el exterior, que apenas se puede controlar, en el que el ingenio del alumno para salir con la suya siempre triunfa frente al profesor

En un caso así las responsabilidades son múltiples. Aunque las del alumno probablemente son las menores.

Responsables los programas que pretenden interesar en tantas cosas que los alumnos no tienen materialmente tiempo suficiente para profundizar una siquiera, disfrutando con la satisfacción de la búsqueda, de la invención y de la reacción; les hablan del pasado sin aclarar, alimentar, madurar su natural interés por el presente.

Responsables los profesores si no saben interesar a sus alumnos, hacerles trabajar en vez de trabajar ellos, si les ejercitan más en la memoria que en la reflexión, si les imponen sus puntos de vista en vez de suscitar los de los alumnos, y si no se atreven a sacrificar el programa teórico al verdadero programa, el que puede enriquecer a los alumnos.

Pero hablemos de las responsabilidades de los padres, ya que nos dirigimos a ellos.

Primero, la orientación. Cuántos alumnos lo pasan mal por culpa de la ambición de los padres que no tienen en cuenta las posibilidades de los hijos. Provistos de repetidores, atiborrados de clases particulares, trabajan con intermitencias, les doblan el número de clases o los cambian de colegio, pero sin mejorar los resultados. Existen hoy centros de orientación que dan normas que resultan muy aprovechables cuando coinciden con la opinión de los profesores.

Pero supongamos que la orientación está bien hecha. La tarea, la responsabilidad de los padres sigue siendo esencial. Han de animar, sostener, aconsejar a sus hijos.

El mayor de los defectos de nuestros alumnos en los estudios es la irregularidad, debida a frecuentes y largos desánimos.

Los estudios son duros y ellos se cansan, se desalientan, se desesperan fácilmente. Para dar con la palabra adecuada para una composición latina hay que tener en cuenta cinco o seis cosas distintas: la palabra correspondiente, la ortografía, la declinación, el género, el número, la regla o la excepción. El alumno reflexiona, sortea tres, cuatro, cinco dificultades, olvida la sexta, y un cero por tal palabra, como si no hubiese trabajado nada. Las exigencias de eficacia raras veces permiten premiar el esfuerzo.

Sobre todo, la meta está tan lejos... ¿En qué momento de vuestro bachillerato experimentasteis el placer de la cultura, saboreasteis una satisfacción literaria? Felices los albañiles, ellos avanzan y al final del día contemplan el trabajo realizado. Nuestros in-intelectuales hasta dentro de diez o veinte años no constatarán el fruto del esfuerzo de hoy.

¿Quién de nosotros querría volver a ser alumno y empezar con los exámenes? Seamos sinceros: no-sotros trabajamos hoy porque nos interesa nuestro trabajo y no por la larga lista de razones que incul-camos a nuestros alumnos para que trabajen.

Por esto ellos nos necesitan. Podemos animarles porque hemos pasado por ahí y disfrutamos de la re-compensa que ellos han de contentarse con creer.

Sin duda, las represiones y las sanciones son ne-cesarias, y controlar con atención sus notas, y alternar reproches con elogios. Castigar es penoso y sabemos que la primera víctima de los castigos son los mismos padres. Pero ¿quién se atrevería a invocar este mo-tivo para quedar libre? Desde hace tiempo, nosotros en el colegio (con gran extrañeza y a veces hasta con indignación de los padres cuando se lo decimos) hemos llegado a esta conclusión: los alumnos terminan por dar a su trabajo precisamente la misma importancia que en realidad le dan sus padres.

Constatamos, por ejemplo, en el internado, que si el presidente del grupo exige un 50 por ciento para poder ir a pasar un día con los padres, la inmensa mayoría lo obtiene. Pero si otro, más severo y cla-rividente, exige un 60 por ciento, al cabo de cierto tiempo de vacilación, se obtiene igualmente.

Hay otras maneras de estimular.

Dando a los muchachos una ayuda, progresivamente menor (el ideal del educador está en saber hacerse prescindible), pero indispensable en los comienzos. Una ayuda que controle más los métodos que los resultados, que deshaga las dificultades al hacer descubrir el sentido de las palabras (tan ignorado por los muchachos), jugando, dibujando, concretizando los problemas, dando un método de trabajo.

La queja de muchos padres es ésta: «Mi hijo no tiene método en el trabajo. ¿No podría enseñarle usted un método para trabajar?»

Pero el profesor en clase no hace otra cosa que enseñar el método para reflexionar y para trabajar.

Lo que los alumnos quieren encontrar es un método que suprima el esfuerzo, pero esto no existe.

El único método es reflexionar, comprender, esforzarse por atender y entender, que es precisamente lo que el alumno, como tantos de nosotros, detesta. Jóvenes, igual que adultos, parecen no tener más deseo que el poder abandonarse a las delicias de la indolencia mental: hacer lo que siempre se ha hecho, conservar las costumbres, dejar las dificultades para más tarde, mirar de no ver los problemas.

El orden de trabajo del perezoso lo delata: primero comienza por hacer los castigos, si los tiene, por suerte; luego pasa en limpio las cosas al cuaderno; garrapatea un deber sin borrador; por fin, si sobra tiempo, estudia las lecciones. Es decir retrasa todo lo que puede el momento del esfuerzo; evita reflexionar, en cuanto le es posible.

El gran enemigo del trabajo intelectual: el miedo a reflexionar, el deseo insensato de evitar comprender.

Nuestros alumnos adivinan sin controlar, traducen sin construir ni justificar.

Almacenan sin discernir, como se pasa una purga procurando no saborearla. Arrojan bistecs crudos al estómago de la memoria, sin querer perder tiempo en cocerlos, masticarlos y asimilarlos. Para sacarlos luego, admirablemente idénticos, a la primera pregunta que se les haga y olvidarlos totalmente, sin aprovecharse lo más mínimo.

Creen que dedicarse a pensar sería perder el tiempo. Les falta contacto inmediato y tranquilo con la materia que estudian y se imaginan que aprenden más y mejor sin comprender.

Hay que explicarles que leer, estudiar, no es una operación pasiva, sino una especie de invención.

Veamos, como ejemplo, un teorema de geometría. Si sólo lo leo, no hago nada. Hace falta que reconstruya en mí el razonamiento. El dibujo o las notas no me sirven más que para encauzar o verificar mis hipótesis. Sólo son señales de pista. Toda la eficacia reside en la intensidad de mi investigación.

Y lo mismo para leer un simple texto inteligentemente. No se trata de silabear las palabras, luego la frase y pasar de ahí a la idea que expresa. Es todo lo contrario. La psicología experimental demuestra que no se leen las palabras sino sólo rasgos característicos que permiten verificar que la invención, encaminada sobre una pista en un principio, prosigue por el buen camino. En realidad, leer es inventar. Se supone, se adivina intensamente lo que un autor va a decir, y esto se verifica constatando que las palabras que se piensan concuerdan con la forma general de las palabras que se leen.

Lo que importa es la vivacidad, la fuerza del trabajo interno de invención, de comprensión y de control. Retenemos por el enlace inteligente.

En cambio, nuestros alumnos son «asociacionistas». Esta teoría psicológica, completamente superada, defendía que si dos palabras estaban simultáneamente presentes en la conciencia se creaba entre ellas un lazo automáticamente y la presencia de la una llevaba a la otra. Todo el trabajo del psicólogo consistía en calcular las presencias simultáneas necesarias para retener. Se recurría a voluntarios que desfilaban por el laboratorio de psicología, leían cierto número de veces un texto, y se les preguntaba luego para ver qué habían retenido. Hasta el día en que un estudiante después de haber leído veinte veces el texto no recordó nada. Extrañeza del psicólogo. Extrañeza del estudiante que explicó que nadie le había dicho que hacía falta retener. Gran descubrimiento de la psicología experimental: para recordar hay que querer.

Muchos de nuestros alumnos piensan que si han leído un texto bastantes veces tienen que recordarlo. Revocan conscientemente su cerebro con sucesivas capas de «pintura», pero la pintura no por eso cala, se adhiere.

En la práctica sólo hay un método para aprender: detenerse constantemente para verificar si se ha comprendido lo que se acaba de leer, si se es capaz de repetirlo, y repetirlo con otras palabras. Hay un termómetro que nos señala si hemos leído con la intensidad necesaria para retener: preguntarse a cada línea, a cada párrafo, sobre lo leído.

En caso contrario es inútil continuar. Me decía un alumno: «Antes leía veinte veces la lección de memoria, y la entendía mal. Ahora la leo una vez, pero tardo veinte minutos, pienso cada palabra, busco la idea, su unión con la idea anterior y con la siguiente. Esto consume mucho fósforo, pero es eficaz. Aunque la olvide, puedo rehacer luego la lección».

Un alumno no puede decir que sepa la lección si antes no la ha repasado escribiéndola, porque, con frecuencia, se la preguntarán por escrito y este tipo de memoria difiere de la memoria oral.

Estudiar, en el fondo, es apasionante porque es algo activo. El estudio aburre cuando no se hace nada. Se aburre quien relaja su atención y se abandona en vez de proyectar la atención sobre las cosas. Los que estudian de veras dicen que estudiar no es tan penoso. Lo doloroso es no hacer nada pensando que se debería trabajar. Pobres los alumnos que sueñan durante el estudio, que no pueden dejar de pensar vagamente en sí mismos, en sus gustos, en lo que les molesta, sin pensar nunca en la realidad. Totalmente ocupados egoístamente en sus ideas, no logran deshacerse del tibio abrigo de sus sueños para entrar en la vida sencilla, real, activa.

El trabajo es un don de sí, como el amor. El trabajo es el amor hecho visible.

Imponed a vuestros hijos un orden en el trabajo: estudiar primero la lección a la que se refiere el ejercicio; rehacer los ejercicios de clase que preceden al nuevo ejercicio. Esta aparente pérdida de tiempo será enormemente fecunda. Pero ¡cuánto trabajo para persuadir a los alumnos!

Limitad el tiempo de trabajo. Vuestro hijo tiene necesidad de descanso, si no cada vez trabajará peor y necesitará más tiempo. Dedicar demasiado tiempo al estudio es pereza. Porque es distribuir el esfuerzo durante más tiempo para disminuir la intensidad. Vuestro hijo irá teniendo cada día más trabajo, pero no más horas de trabajo. Sólo queda una solución: obligarle a trabajar más rápidamente abreviando el tiempo que dedique a ello.

Estableced una norma a «contra-reloj»: tantos minutos para el deber, tantos para la lección, y a hacer como los corredores a los que tanto admira.

No hablo ya de la necesidad de crear un marco en el que el estudiante pueda trabajar: vida tranquila, distracciones sobrias para evitar el agotamiento de los intereses, que es el verdadero agotamiento escolar; actividades culturales vividas y saboreadas en familia porque es lo que el muchacho retiene mejor, es lo que aprende sin darse cuenta.

La paciencia es un resorte decisivo en la educación. Hay que adaptarse al ritmo del muchacho antes de imponerle el nuestro. Sepamos admitir que unos evolucionan más lentamente que otros, aunque tarden dos años para primero o segundo de bachillerato. Nuestras impaciencias ilegítimas denuncian nuestra incomprensión y nuestro egoísmo.

Sobre todo tengamos conversaciones tranquilas con nuestros hijos, en las que se pueda intercambiar confidencias, contar ellos sus desánimos y sus quejas, comparar nuestras experiencias y completar las suyas, una vez comprendidas, a través de las nuestras, que los hijos aceptarán, si las encuentran parecidas y hermanas a las suyas.

¿Cuánto tiempo ha pasado desde que tuvisteis una conversación cordial con vuestro hijo? ¿Le habéis reñido o habéis reflexionado juntos sobre sus dificultades? El adolescente necesita apoyo y consejo, pero tiene el orgullo de aceptarlos sólo de igual a igual y de quien se acuerda de las dificultades y del tiempo que necesitó para llegar a ser adulto.

Seamos optimistas contagiosos. Es la gran virtud de todo educador. No desconfiemos nunca del porvenir de nuestros hijos, aun en el nivel escolar. Dejemos que se apoyen en nuestra confianza y en nuestro amor. Durante mucho tiempo no pueden confiar en nadie más.

Dadles, por fin, el ideal del estudio. ¿Os acordáis de la historia del picapedrero? En una cantera, un hombre arisco, hostil, desganado, hace saltar trozos de piedra. Le pregunta un visitante: «¿Qué hace usted?» «Ya lo ve —le contesta—, tallo una piedra». Su vecino hace exactamente el mismo trabajo, pero su cara es alegre, gozosa. «¿Qué hace usted?», le pregunta también. «Construyo una catedral». Y un tercero, grave, con luz en los ojos, abierto, responde: «Salvo el mundo».

Los tres hacían lo mismo, pero con la gran diferencia del ideal que se habían forjado.

Hay que explicar a vuestros hijos el gozo de ser útil un día, de poder servir, de ser competentes, de tener un valor.

Servir, extendiéndolo inmediatamente hasta la comunión de los santos, si queréis responder a la exigencia de sus almas. Tienen que iluminar al mundo para que valga la pena iluminarse a sí mismos. Han de encender un fuego capaz de calentar la tierra entera, antes de que acepten, como un pobre más, venir a sentarse junto a la hoguera que han preparado para los otros.

Un alma que se eleva, eleva al mundo. Nuestros hijos son generosos cuando descubren que la principal razón para elevarse es salvar y pensar que elevan el mundo.

Si creen que sufriendo con valentía disminuyen el sufrimiento del mundo, tendrán valor para sufrir mucho. Sufrir importa poco si saben que sirve para algo. Hay que leerles el magnífico párrafo de Léon Bloy:

> Nuestra libertad es solidaria del equilibrio del mundo. Cada hombre cuando obra libremente proyecta su personalidad en el infinito. Si da de mala gana una moneda a un pobre, esa moneda agujerea la mano del pobre, cae, horada la tierra, perfora el suelo, atraviesa el firmamento y compromete al universo. Si comete un acto impuro, empaña quizá miles de corazones que no conoce, que están misteriosamente en comunión con él y que necesitan que él sea puro, igual que un viajero que se muere de sed ansía el vaso de agua del evangelio. Un acto de caridad, un movimiento de verdadera piedad, canta alabanzas divinas desde Adán hasta el fin

de los tiempos, cura a los enfermos, consuela a los desesperados, apacigua las tempestades, rescata a los cautivos, convierte a los infieles y protege al género humano.

Vuestros hijos hambrean ese pan: pan de heroísmo y de santidad. A los doce años todos quieren ser misioneros y salvar el mundo. Hay que enseñarles que no hay salvación del mundo al margen del deber de estado, y que lo mejor que pueden hacer para convertir a los incrédulos, aliviar a los miserables, animar a los débiles y sostener a los mártires, es ponerse a trabajar con estas intenciones en su corazón.

Hace poco, cosa tan frecuente a principio de curso, un muchacho se desanimaba ante las nuevas dificultades. Un consejo reunió a los padres, a los profesores, al director. De repente, el titular tuvo una inspiración: «Voy a confiarle a uno más débil». Fue una transformación total. Ayudando al otro, nuestro alumno se olvidó, se superó a sí mismo. Con la generosidad propia de su edad, hacen por los otros lo que no habrían hecho por sí. Y al animar a uno más débil a que venza los peligros y se esfuerce, olvidan su miedo y su mal.

«Me has hecho más fuerte, al apoyarte en mí».

5

LECTURAS PARA NUESTROS HIJOS

V AMOS, Pedro, cierra el libro, que ya estamos comiendo».

Pedro se levanta del sillón todavía leyendo, el rostro inexpresivo, en medio de una especie de aturdimiento. Avanza despacio, a ciegas, rozando los muebles, sumergido hasta el último instante en el libro que deja sobre un mueble, abierto, para poder proseguir luego sin pérdida de tiempo, después del paréntesis de la comida. Se sienta, la cabeza baja, aturdido todavía y acosado por las últimas imágenes que se desperezan y se agrandan liberadas de repente por la interrupción de la lectura. Permanece inmóvil un momento, levanta luego su mirada jovial, mira con curiosidad a los suyos, ríe extrañado de encontrárselos delante, tan reales, dice un último adiós a sus sueños, y se lanza a hablar.

Al muchacho hipnotizado por su «Tintín», al joven ciego y sordo ante el embrujo de una novela, al viajero indolente que empieza a cabecear cuando las muertes se espacian un poco en su novela policíaca, habladles de un método de lectura, de que el leer es un arte, de culturalizar su pasión o su ocio. Para el 80 por ciento de los muchachos que se abandonan a la lectura, ésta tiene poco que ver con un arte, un ejercicio o una cultura. Es la oscura pasión de la soledad, la pendiente deliciosa y vertiginosa del aniquilamiento, el goce feroz de la evasión. Para otros es una ocupación superficial, un cosquilleo o un soporífero inferior al placer repetido, pero sociable, de la conversación y al bienestar estimulante del deporte y los juegos.

Penoso y decepcionante trabajo el de la educación para la lectura: resulta difícil iniciar a los que no les gusta; pero, por otra parte, si se tiene éxito, desencadena unos demonios que obligan a un mayor esfuerzo para amaestrarlos.

Cuando se piensa en los peligros, en los abusos y en el poco provecho que sacan la mayoría de los lectores, uno se pregunta a veces si hace falta enseñar a leer y si no bastan los juegos, las conversaciones y los estudios para el desarrollo del ser normal.

Los sueños, las aventuras, las evasiones ¿son indispensables para la formación del carácter? La personalidad, para fortificarse, teniendo en cuenta que la mayoría de las lecturas hacen perder la conciencia y el tiempo, que impiden vivir la propia vida para vivir la vida de los demás, ¿tiene que pararse en seco regularmente? Se define la lectura como un diálogo entre el lector y lo leído. Pero ninguno de nuestros muchachos dialoga así. Monologan desaforadamente, de hecho como la mayoría de los adultos, y si abandonan el «yo» de la vida normal y de la conversación corriente, es para capitular plenamente ante el autor y prestarse dócilmente a todo lo que dice, hace y piensa el héroe de la historia.

Quien espera descubrir la actitud oportuna, plegándose a todas las indicaciones que se le sugieren, corre el peligro de deslomarse, y quien se abre a toda influencia corre el riesgo, precisamente por experimentarlas todas, de perder la fuerza y la independencia necesarias para escoger y cultivar la buena: la sensibilidad se convierte en una especie de esponja que todo lo absorbe pero que no reacciona, y la personalidad debilitada obedece constantemente a toda sugestión actualizada por recuerdos sin control. ¡Cuántos de nuestros jóvenes, perdidos en medio de una multitud de personajes, de pose insoportable, son incapaces de reconocerse a sí mismos en medio de la turba de personas con las que se han identificado en sus lecturas y espectáculos!

* * *

Sin duda experimentáis cansancio ante la perspectiva de ver que después de haber hablado mal de la lectura ahora necesariamente voy a hacer su elogio. Y realmente me hubiera saltado ese prólogo si no hubiera creído necesario describir la psicología del lector para entender luego el método de lectura. Si vemos con claridad lo que hacen nuestros hijos, lo que buscan al leer, les podremos aconsejar mejor y convencerles más fácilmente.

* * *

Digamos inmediatamente que una lectura preci-
pitada, excesiva, desordenada, embota el alma sin ali-
mentarla, aturde e intoxica, de la misma manera que
un viaje demasiado rápido no multiplica el número
de imágenes, sino que las embrolla.

> Para aprender a leer, primero hay que leer des-
> pacio, luego hay que leer muy despacio, siempre, hasta
> el último libro que merezca el honor de ser leído,
> habrá que leerlo muy despacio.

Precisamente es el consejo más difícil de prac-
ticar en el siglo de la velocidad, por una juventud
acostumbrada al cine, a ver veinticuatro imágenes por
segundo; por una generación ebria de distracciones,
de noticias y cambios, para la que la inconsciencia
es el mejor refugio frente al exceso de problemas y
desgracias de nuestro tiempo.

Añadamos una excusa que hace recaer la culpa
sobre los mismos autores: hay tantos libros y revistas,
que se impone, o seguir el consejo de Pouget: limi-
tarse a leer los libros que uno puede aprender de
memoria, o bien, si se quiere estar al día y no dejarse
escapar, no digo una obra maestra, sino una idea
fecunda, un trabajo original, un dato precioso, leer a
toda velocidad lo que llega a nuestras manos, más o
menos seleccionado a través de los consejos de los
amigos o las críticas de las revistas, reservando para
una relectura pausada y serena las raras joyas descubiertas en ese maremágnum.

Animemos a nuestros hijos a releer: la mayoría ya lo hacen espontáneamente y confiesan con su alegría y su fidelidad que ésta es la verdadera lectura. Sin dar como sistema lo que sólo es un método, yo aconsejo a mis alumnos que señalen a lápiz los mejores pasajes de los libros de valor, y que luego vuelvan a leerlos tranquilamente, basados en la plena inteligencia que viene del conocimiento de la obra en su conjunto, en la pura contemplación que sólo es posible cuando se ha satisfecho la primera curiosidad.

Creo que hemos de aceptar la idea de que un muchacho moderno sólo gozará de veras cuando relea.

* * *

Del hecho de haber reconocido la precipitación en la lectura como una huida inconsciente, que caracteriza tantas actividades de nuestros contemporáneos, no por ello hay que sacar la conclusión de que la lectura en sí sea una evasión, una huida. Es todo lo contrario.

Lo que es irreal, lo que es huida y evasión de la realidad, es la vida tal como se vive ordinariamente, la vida mezquina y gris hacia la que tantas personas quieren encaminar a los jóvenes con la excusa de realismo. Pero los muchachos que tienen otra luz y un instinto certero no se lo creen. Decepcionados por sus maestros, se vuelven a los libros. Incomprendidos por las personas mayores, se entienden de maravilla con los grandes hombres. Nada tan precioso en el niño como su fe natural en la grandeza del hombre, en la belleza, el valor, el prodigioso interés por la vida, la dimensión trágica, misteriosa, del destino. Fe, que para fortalecerse en convicción inquebrantable y actuante, no se agota siquiera con todos los libros, sean de aventuras, de viajes, de guerra, sean novelas de amor, biografías, ensayos, filosofías o poesías de cualquier género literario.

No olvidemos que la concepción «romántica» de la vida coincide precisamente con el evangelio y con todos los demás libros que sirven para preparar o comentar el prodigioso poema del amor de Dios y del hombre. ¿Quién, sino Dios, nos ha hablado de la audacia (los violentos lo arrebatan), el entusiasmo (el que vuelve la vista atrás...), la vigilancia (¡vigilad!), cosas tan necesarias en toda vida; de la inimaginable aventura de vivir que embargará por igual a buenos y malos (¿cuándo te vimos hambriento o sediento, extranjero, desnudo, en prisión...?) y del precio infinito del instante más breve de la vida más pobre? No hay vida más llena, más embriagadora, más palpitante que la vida de fe, búsqueda de la huella de Dios, atención confiada que en todo ve la voluntad divina y en todos los hombres almas de un valor infinito que hay que salvar. Nuestros hijos ¿de dónde sacarán una idea suficientemente grande y arrebatadora de su destino, en su contacto con nosotros, abatidos por una nonada y preocupados por naderías, o formando sociedad con los héroes, los poetas y los santos?

La lectura es, pues, prácticamente, para el niño, el mejor medio para explorar el mundo interior en sus verdaderas dimensiones de espacio y tiempo, pero sobre todo es la mejor manera de abrirse a un mundo interior, de descubrir el hombre que puede llegar a ser, viviendo la vida no sólo de los héroes que ama, sino sobre todo la del autor. Participando en la visión del mundo, sintiendo con el corazón, la fe y el alma del artista que escribió el libro, el niño no sufrirá el influjo del tema que se desarrolla, sino el influjo de la persona que lo desarrolla. Por esto hay que desechar las obras mediocres, aunque a primera vista parezcan moralizantes más que artísticas.

Vayamos más lejos todavía y recordemos que el placer propio, absolutamente característico de la lectura, se vive en la soledad, en la soledad de la que el hombre moderno huye y tanto teme. Decía Mounier:

> El problema central del humanismo quizá está en enseñar al hombre a conocer y soportar su soledad.

Pero la soledad de la lectura es una soledad poblada, una comunicación espiritual perfecta que sitúa al hombre en su mayor profundidad y, sin embargo, no le deja desarmado. Mounier define el sentimiento de soledad como la toma de conciencia de todo el espacio no espiritualizado de nuestra vida interior. Pues bien, por la lectura, nuestra vida interior se espiritualiza y por tanto la soledad se soporta y se nutre. Por sus continuas incitaciones, la lectura reintroduce sin cesar a nuestro espíritu impotente y perezoso en la actividad espiritual. Nuestra frivolidad, nuestra indolencia, nos impiden bajar espontáneamente a nuestras regiones profundas. El hombre teme la soledad miserable que adivina. La lectura lo guía hacia una soledad «poblada» (Proust).

Así la lectura cura el daño que hace: medio de esconderse en el inconsciente, es sin embargo el gran remedio para el miedo de la conciencia. Nos enseña a soportarnos a nosotros mismos nutriendo nuestra vida interior con la médula espiritual de los grandes hombres.

Es posible que alguien objete: pero nada puede darse en el orden intelectual y moral, ya que en esos órdenes todo hay que conquistarlo y a través del más penoso de los esfuerzos. Aquí no existen rentistas, ni mendigos, que vivan únicamente del trabajo de los otros. ¿Dónde está entonces la obra bienhechora de la lectura? ¿No es mucho más preferible un ejercicio cualquiera de reflexión o una meditación personal?

Objeción de fácil respuesta, si se piensa un momento en que yo nunca soy más yo mismo que cuando otro, un artista, un escritor, un santo, me introduce en mí mismo.

Nunca estoy en mayor posesión de mis facultades, más abierto, más receptivo y más activo, más comprensivo y más crítico, que en el bendito momento en que la admiración de una obra de arte, el encanto del estilo, la revelación de la oración o de la ceremonia sagrada, me han liberado de mi esterilidad superficial, de mi distracción, de mi agitación, de mi percepción mezquina y utilitaria. En fin, pienso como quería pensar desde siempre, amo, por fin, como quería amar, me digo las cosas como me hubiera gustado decirlas.

En nuestra soledad, que la lectura respeta y favorece, en la disponibilidad, en la movilización afortunada de las fuerzas profundas habitualmente tan propensas a encogerse y desaparecer ante la intervención de otro, el espíritu adquiere conciencia de sí mismo y por fin se maravilla, y con razón, de su poder y su alegría.

Ojalá pueda luego multiplicar esos dichosos éxtasis en los que continúa solo, sin darse cuenta, por el buen camino al que le condujo la lectura. Seguro constantemente ante la proximidad de su guía, alimentado, sostenido en el momento preciso y según la medida exacta de su necesidad, despliega sus alas de ángel y se lanza al infinito. Se atreverá un día, apartando con el pie el trampolín, a apoyarse en su propia fuerza. Inventará entonces su ruta ante sus maestros admirados. Creará la melodía profunda que los otros no han podido apuntarle, pero que sus libros le enseñaron en el instante preciso en que dejó de escucharlos.

Después de todo esto se comprende mejor que el principal enemigo de la lectura sea la prisa que sofoca el espíritu, le cansa, le aturde, sin abrirle camino. Hablé ya de lo difícil que resulta combatirlo. Quiero añadir una palabra sobre la manera de evitarlo. Leed a vuestros hijos pequeñas obras hermosas, hermosos versos cargados de evocaciones y sentido. A la edad de los cuentos y las historias, a la edad de la confianza y la docilidad, es cuando podéis enseñar a vuestros hijos a respirar al buen ritmo de inspiración-acción, imagen-pensamiento, realidad-sueño, poesía-oración.

¿Respiráis vosotros así? Entonces se habrán acostumbrado, y encantados por el hechizo de los intervalos, vuestros hijos, al primer contacto solitario con los libros, no serán esos salvajes hambrientos que devoran y saquean.

Lancemos a nuestros hijos por el camino de la lectura, aunque parezca peligroso. Han de correr la aventura, y su marcha, limpiándose el barro, rompiendo ataduras, calentando su cuerpo, reparará ella misma las dificultades que se presenten.

Todo lo más que podemos hacer nosotros es seleccionar los peligros y proporcionarlos a su edad, pero sabiendo humildemente que esa dosificación es arriesgada y que, si los demonios se desencadenan, pronto quedaremos rebasados.

Nos corresponde a nosotros velar, a través de una educación completa, a fin de equilibrar la influencia de los libros, para que en el momento en que ya no nos acepten como guías, las aficiones, los gustos, las actividades y los principios que hemos infundido a nuestros muchachos, controlen, desde dentro, la lucha que nosotros no podemos ya moderar. La educación para la lectura no está separada de la educación total, y fracasará la una sin la otra.

¿En qué orden han de presentarse los libros a los niños?

Ya dije que todo cuidado por escoger las primeras lecturas será poco. Lecturas en voz alta y que les brindarán el gusto por la literatura: el evangelio (escogido y adaptado, pero conservando gran número de expresiones características y evocadoras), canciones de gesta, cuentos de Grimm, poesías seleccionadas, algunas fábulas, episodios de la Odisea, de la Ilíada...

Este tipo de lecturas, leídas por una madre a sus hijos, quedan como un recuerdo imborrable. Una inflexión de voz, una palabra, una alusión ayudan a comprender; el afecto, la simpatía familiar comunican las emociones; todo es más hermoso, más suave, al haberse aprendido junto a quien nos ama. Y nosotros, los profesores, no nos encontraremos luego con jóvenes desgraciados de cabeza vacía, de imaginación nula, de corazón dolorosamente duro, capaces sólo de sufrir porque no aprendieron a amar.

* * *

Los niños sanos, espabilados, activos, educados en plena naturaleza, raras veces disfrutan leyendo. A los un poco sanguíneos, la lectura les da sueño. Insistimos: ha de ser desde muy temprana edad cuando hay que preocuparse por iniciarles en ese descubrimiento. Les contaréis el comienzo de una historia para estimularles a que lean ellos la continuación. Les permitiréis que en sus juegos rehagan los episodios de *Robinson Crusoë, El Robinson suizo, La isla misteriosa,* o que representen esas aventuras en su teatro de guiñol.

Igualmente, si hace falta, seleccionaréis algunos libros «ilustrados» cuyas imágenes obliguen a leer el texto. Pero esto ha de hacerse con mucho cuidado, ya que la imaginación, atada por el dibujante, no actúa libremente en la lectura del texto; el encanto del estilo literario, aunque sea extraordinaria la reproducción ilustrada, no puede soborearse, al estar el espíritu embebido en otros menesteres.

Salvad a vuestros hijos, por favor, de los «ilustrados» fáciles y vulgares, tan funestos para la verdadera lectura como lo es el cine para la atención voluntaria. Alimentad su espíritu y su imaginación desde la infancia con aventuras nobles, con ambiciones generosas, con hermosos recuerdos, para que no soporten luego la mediocridad ni lo standard, y pidan obras que les permitan soñar y encontrarse a sí mismos.

Yo distinguiría dos grandes grupos, dos grandes géneros de lecturas. *

Primero, la aventura y el ideal, campo extenso, enriquecedor, con tal de que poco a poco la aventura desemboque en un ideal depurado y preciso.

Comenzaría por los libros de caballería, las narraciones de indios de tipo caballeresco (P. Maël, F. Cooper), *El libro de las tierras vírgenes, Puck* (Kipling).

Continuaría luego con las aventuras de los héroes del aire, del mar (*Capitanes valientes* de Kipling), del Polo (Scott, Amundsen, Byrd, Charcot), de la montaña, del mundo submarino, de la santidad, vidas de Jesús.

---

* Al estar traducidos al castellano la mayoría de los libros citados por el autor, el traductor se ha limitado a indicar las obras según el título de la edición castellana. El lector encontrará un buen complemento, adaptado además a nuestra lengua y nuestra cultura, en J. L. Martín Descalzo, *Tu biblioteca* (Folleto PPC 95) y *... y novelas también* (Folleto PPC 111).

Y terminaría con los poetas: Claudel, Péguy, Marie-Noël, Jammes, Valéry (claro), Tagore y todos los demás.

Sin olvidar las obras de fantasía y de humor: Chesterton, Mark Twain, Jérôme, Daudet (*Tartarín*), Dickens (*Pickwick*), Maurois (*Bamble, O'Grady*), Saint-Exupéry (*El principito*).

El otro grupo estaría formado por obras de observación, experiencia, conocimiento de los seres que nos rodean: plantas, entomología, costumbres de los animales... Julio Verne es indispensable: el niño que no haya leído a Verne ignorará quizá siempre los comienzos de todos los instrumentos modernos, no comprenderá nada de nuestra civilización. Hay que descubrir los principios aerostáticos en *Cinco semanas en globo,* el peso de los cuerpos en *Robur el conquistador,* las leyes submarinas en *Veinte mil leguas de viaje submarino,* la vida de los barcos en *Una ciudad flotante,* las investigaciones polares en las *Aventuras del capitán Hatteras,* la astronomía en *De la tierra a la luna* y *Alrededor de la luna,* y toda la gama de recursos humanos en su obra maestra *La isla misteriosa.*

Rosny en *La conquista del fuego* hará pensar en las condiciones de vida de los hombres prehistóricos, Devaux, Hautem, Wells (*La guerra de los mundos*), Benson (*El amo del mundo*) en los hombres de hoy y de mañana.

De ahí se puede pasar a la historia, la geografía, las biografías novelescas y las narraciones de viajes.

Y por fin el hombre, el estudio del monstruo más complicado y más rico del mundo. El niño puede iniciarse en la observación e interés por los que le rodean a través de Finn y Hublet, por ejemplo. Y he aquí una breve lista de obras que pueden familiarizar a los muchachos de dieciséis a dieciocho años con la reina de las ciencias, la psicología.

Benson: *El cobarde, La iniciación, Los sentimentales, En el Van du Vanneur.*

Conrad: *El tifón, El negro del Narcissus, Lord Jim, Juventud, Victoria, La línea de sombra.*

Saint-Exupéry: *Vuelo nocturno, Tierra de los hombres, Piloto de guerra*; Turgueniev: *Primer amor*; Balzac: *Eugenia Grandet, Memorias de dos jóvenes casados*; Duhamel: *Dos hombres, Los Pasquier*; Bordeaux: *El miedo de vivir, La casa.*

H. James: *Otra vuelta de tuerca*; R. Bazin: *Magnificat*; Cronin: *La ciudadela, Las llaves del reino*; Hutchinson: *Cuando llega el invierno*; Chateaubriand: *La respuesta del Señor*; Bourget: *El emigrado, Un divorcio, Sentido de la muerte*; Carnegie: *Cómo ganar amigos e influir sobre las personas*; G. Greene: *El poder y la gloria, El fin de la aventura, El revés de la trama.*

M. Van der Meersch: *El coraje de vivir, La compañera*; Daudet: *Historia de un niño «Fulanito»*; Strachey: *La reina Victoria*; Maurois: *Disraeli, Eduardo VII*; Romain Rolland: *Gandhi, Miguel Angel, Beethoven*; Buck: *Dios hablará esta noche.*

Hervé Bazin: *En el nombre del hijo; Levántate y anda.*

G. Bernanos: *Diario de un cura de aldea.*

H. Boll: *Y no decía una sola palabra, Casa sin amo, El tren llegó puntual.*

A. Camus: *La peste*; F. Mauriac: *Nido de víboras, La farisea.*

F. Dostoyevski, *Crimen y castigo, El idiota, Los hermanos Karamazov.*

J. Green: *Cada hombre en su noche, Diario.*

J. P. Sartre: *Las palabras.*

Cuántas lagunas por llenar hasta que nuestros amigos hayan recibido una formación literaria completa: libros de arte, de iniciación social, clásicos... Respecto a éstos parece que los padres tendrían que poder dejar su preocupación en manos de los profesores, ya que las obras clásicas son las que se estudian en clase.

Pero, son éstas precisamente las que no se leen. Habrá que insistir y convencer a los adolescentes de este principio tan fecundo como raro: «Leed un libro cuando lo estudiáis, cuando oís hablar de él o cuando tengáis necesidad». Porque se suele hacer todo lo contrario: devoramos novelas durante nuestros estudios humanísticos y disfrutamos saboreando a los clásicos en la universidad, precisamente cuando las asignaturas tratan de autores contemporáneos. Intentemos persuadir a la próxima generación que lean a César, y la Ilíada, la Odisea, Platón, El cantar de Roldán, Tristán e Isolda, Corneille, Racine..., cuando el profesor los explica, o, mejor aún, un poco antes, para evitar el desencanto producido por la sabia introducción filológica, o simplemente por el color de la edición que se emplea en clase.

Habría que repetir: «No leáis los libros que os vienen a las manos. Sólo queda algo de un libro si se lee con una idea preconcebida que se busca, o si se relaciona con nuestras actuales preocupaciones». Y lo mejor es tener siempre pendiente un trabajo, un estudio, una investigación y cuatro o cinco libros sobre la mesa, barrera muy útil contra la tentación de lecturas insignificantes, superficiales y fútiles, que nos acechan constantemente a través de la propaganda actual.

* * *

No he dicho nada sobre las novelas policíacas. No encuentro palabras adecuadas para indicar el desprecio en que hay que tenerlas y el daño que causan a la verdadera lectura. Si se ha comprendido la naturaleza y las ventajas del gusto literario, aparece claramente lo inadecuado de esa narración jadeante y desquiciante que se lee de un tirón y que al terminarla no ha renovado ni nuestra concepción de la vida, ni nuestro conocimiento del hombre, ni la visión de la naturaleza; sólo una distracción estéril de dos horas de duración. Ni siquiera en el aspecto matemático o psicológico ha servido para nada, porque el lector, habituado a verse burlado por el autor, no se detiene a buscar por sí mismo una solución que resulta tan fácil de hallar dándose un poco de prisa.

Iniciad a vuestros hijos en la lectura, en la verdadera lectura. Dadles por amigos a los hombres más grandes, por ideal las más sublimes aventuras, por horizonte el mundo en su amplitud. Pero sobre todo preparadles un hogar que no les decepcione cuando regresen, encantados y mejorados, de sus excursiones por las alturas. Dadles la última y más preciada lección, la mejor que puede dar un hombre, la de una vida que puede gastarse en cumplir su deber diario, con tanto amor, con tanta inteligencia, con tanta fe, que se convierta en la más noble y la mejor de las aventuras.

6
NUESTROS ADOLESCENTES EN VACACIONES

POR fin, las vacaciones», dicen los muchachos. «Las vacaciones ya», suspiran los padres. «Ay, las vacaciones», dirán los educadores cuando empiecen las clases de nuevo.

Y, sin embargo, quizás habría un medio de conciliar esta disparidad de reacciones, si se estudiara el problema que plantean las vacaciones y se dedicara a prepararlas el mismo cuidado y el mismo interés, si no más, que se concede a otras ocupaciones importantes.

Los padres que tienen hijos mayores miran las vacaciones con aprensión. Con frecuencia se sienten en inferioridad de condiciones, se creen superados, y los hijos no les ahorran la confirmación de sus sospechas. Se nos escapan los hijos, ¿cómo retenerles? Pero ¿no sería mejor dejarles hacer antes que estropear sus vacaciones y las nuestras a base de perpetuas discusiones? Salimos para descansar. ¿Vale la pena contrariar a los hijos durante esos pocos días? ¡Como si no tuviesen ocasión de refunfuñar en las clases y en casa! Para luchar con ellos, para resistir el asedio

123

a que nos someten entre zalamerías, mal humor, faltas de educación y caprichos, se requiere una fuerza, un temple, un coraje que muchos no tienen.

Pero a pesar de todo esto, la educación es una cosa indivisible. No podéis destruir hoy lo que construisteis ayer. Es necesario que las vacaciones de los hijos, como todo el resto de la vida, sea educativo. Las vacaciones no son para estudiar. Pero no hay vacaciones para el estado de gracia, y hemos de velar para que se confiesen, recen, comulguen. No hay vacaciones para la servicialidad, para la urbanidad. La misa dominical sigue siendo indispensable en julio y en agosto. «Los hombres se equivocan en sus ideas, pero las ideas no se equivocan sobre los hombres». Si un educador débil cree que va a comprar la paz a base de concesiones totales, pronto descubrirá que esa paz cuesta más cara que la guerra. Y las vacaciones terminarán en medio de recriminaciones incesantes, en un descontento mutuo y quizá con alguna catástrofe moral, si unas normas prudentes, pero firmes, no han determinado los deberes religiosos, familiares e individuales de los hijos.

Pero ¿a quién le apetece imponer esas reglas? Parece como si la educación se moviese a través de una ley de alternancias: a una generación enérgica, rigorista, autoritaria, le sigue una generación comprensiva y liberal. Cuando se ha tenido padres severos, cuando se ha sufrido el miedo, la sumisión, la frugalidad, sucede con frecuencia que se quiere evitar a toda costa que los hijos pasen por lo mismo. Y, por otra parte, precisamente porque ha habido una buena educación se tiene un carácter más dulce, más humano, más ecuánime, y los hijos aprovechan los efectos positivos de los principios educativos que han moldeado a los padres, y que éstos desestiman.

En cambio, y por idénticos motivos, una generación educada con demasiada libertad, con excesivas facilidades, con frecuencia se muestra hacia los hijos mucho más severa, más imperiosa e intolerante.

Si esta ley fuese verdadera habría que concluir inmediatamente que la generación de los actuales padres... ha sido muy bien educada. Y que la generación futura lo será también. Mientras que la que une a ambas goza de manera excesiva de poca firmeza de carácter, de la indulgencia y amplitud de miras de sus padres.

Los padres ordinariamente no saben cómo sus hijos, aun los mayores, necesitan de ellos, y desconocen el enorme poder que ejercen, aunque aparentemente los hijos se cierren y se rebelen. Son demasiados los padres que no acaban de ver esta cosa tan natural: el amor que les tienen sus hijos, la influencia que ejercen sobre ellos. No siempre lo muestran, pero están unidos a vosotros por lo más profundo de su ser, nadie influye tanto, nadie les marca tanto. Se sienten solidarios y terriblemente influenciados por vosotros, y por esto reaccionan a veces tan violentamente en contra, como no lo harían con ninguna otra persona; es la señal, dolorosa pero cierta, de vuestra acción sobre ellos.

Durante la adolescencia, sobre todo, las demostraciones de cariño son realmente raras, rarísimas las zalamerías y breves los momentos de abertura. Pero es una etapa en la que se buscan otras maneras de mostrar el afecto. No es que disminuya, sino que quiere expresarse mejor. Y mientras, hasta no encontrar las manifestaciones nuevas y adultas, aparece la expresión esquiva y sensible de lo que realmente, extrañamente, llevan en su interior.

Las vacaciones son el momento ideal para influir sobre los hijos y para lograr contactos positivos mutuos. Por lo que hay que reservar un tiempo importante de las vacaciones a la familia. Para los adolescentes, propongo una división de las vacaciones en tres etapas: una consagrada a la familia, otra a las obras y movimientos sociales, la tercera a vacaciones individuales.

Vacaciones en familia

Hay que aceptar el hecho de que, ante las vacaciones, existe ordinariamente una oposición entre padres e hijos.

Se trata de dos tipos de vacaciones, de hecho irreconciliables: el de los padres (reposo, visitas, confort, hotel...) y el de los hijos (moverse, correr, jugar, explorar, construir...). Un tipo de vacaciones exige el sacrificio del otro. O bien los padres arrastrarán a los hijos a las distracciones de los adultos, o bien sacrificarán sus gustos personales de ocio, de facilidad y de lujo, a la necesidad de actividad, de dureza, de vida y esfuerzo de los hijos.

Por esto pienso yo que los padres tendrían que tomarse, ellos solos, unos días de vacaciones, para un descanso verdadero; pero unos días distintos de las vacaciones familiares.

El adolescente normal experimenta una inmensa necesidad de activismo y de aventuras. Entra en casa con mil proyectos, mil deseos, mil iniciativas y, generalmente, con el ansia de volver a salir inmediatamente. Para él las vacaciones son moverse, correr, jugar, explorar. Su verdadero descanso, cambiar de ocupación.

Los padres por lo general no conciben las vacaciones de la misma manera. Para ellos —y es fácil de comprender cuando se piensa en una existencia agitada y fatigante— las vacaciones son para no hacer nada, para vaguear, para descansar.

El gran motivo de incomprensión entre padres e hijos está quizá ahí: no tienen un quehacer común. Si se define la amistad diciendo que no es estar juntos sino hacer algo juntos, que no es mirarse sino mirar juntos en la misma dirección, se comprende por qué con frecuencia las familias no están unidas: por falta de actividad y de objetivo común. Demasiados padres sienten el desgaste de la vida; cansados, se repliegan ante el esfuerzo y la aventura. Nosotros podemos excusarles y hasta comprenderles. Pero los hijos no se lo perdonan. Necesitan unos padres jóvenes, voluntariosos, emprendedores, como ellos. Si no, exageran y caricaturizan vuestros propios defectos, y se convierten en unos seres infinitamente más estragados, más escépticos, más desganados, más existencialistas que vosotros. O bien, más sencillamente, huyen de un ambiente que no les conviene y son los padres quienes constatan que los hijos «han marchado».

Hay padres que no se explican cómo después de haber dado tan buenos ejemplos, después de haber velado para que sus hijos hayan sido educados según todos los buenos principios, sin haber presenciado ningún mal ejemplo en casa, luego, a pesar de eso, a cierta edad, sus hijos se les escapan y se comportan de manera tan escandalosa. La razón está en que los padres no querían nada, no construían nada con los hijos; se han esforzado en evitarles cualquier dificultad en vez de compartir los trabajos y las dificultades con ellos. ¿Por qué tantos jóvenes tienen ese aire contrario, de abandono?, ¿por qué hay tantos jóvenes caprichosos, indóciles, sin voluntad, incapaces de levantarse puntuales, de sacrificarse, cuando sus padres son tan trabajadores? Quizá porque éstos han convertido su hogar en un sitio de descanso, de reposo, en vez de crear una vida de familia para los hijos.

Un ambiente para adolescentes: aquel en el que se haga algo. Los jóvenes han de encontrar en familia un clima de alegría, montones de proyectos, posibilidades infinitas de hacer. Necesitan padres que se interesen por todo, que sepan juzgar rectamente todo lo que afecta a los hijos, que les ayuden a escoger entre todo lo que el mundo moderno les brinda desordenadamente: lecturas, películas, modas, estilo de vida, emisiones de radio y de televisión, distracciones en vacaciones.

Sólo los padres que posean convicciones firmes y carácter estable, que piensen, juzguen y reaccionen, no se sentirán desplazados, ni pertenecerán al número tan elevado, en nuestro tiempo, de padres «cesantes». Porque tendrán vida, porque se sentirán más jóvenes que sus mismos hijos, porque les propondrán muchas metas, serán capaces de exigirles mucho y de negarles mucho. Serán capaces de ser severos.

Hablemos ahora de la organización de estas vacaciones.

No es cosa fácil cuando la familia consta de hijos de edades muy diversas, con gustos dispares y muy definidos.

El mar es desaconsejable, excepto para los hijos pequeños. Para los mayores es una vida monótona, con poca posibilidad de paseos y con diversiones costosas. La familia ordinariamente se encuentra dispersa; los adolescentes viven en pandas, a la buena de Dios, con amistades sin solera, en medio de una ociosidad enervante.

Lo ideal es un pueblo de montaña, una casa de campo o un semi-camping.

Evitad mucho confort que impediría la necesidad de trabajar, de inventar y de organizar. Dad, en cambio, a vuestros hijos la sensación de que son ellos los que crean la vida, que construyen su confort y el vuestro. Que sepan que les necesitáis. Que hay mucho que hacer y que la sirvienta, si está con vosotros, se encuentra de vacaciones, ya que todo el mundo se empeña en ayudarla.

Pero no olvidéis algo esencial: el medio familiar frecuentemente es demasiado angosto para los adolescentes. Tened el arte de buscar colaboradores y crear en torno a vuestra familia un círculo de juventud y de simpatía. El interés de una ocupación durante las vacaciones depende *sobre todo* de la compañía.

129

Agrupaos con familias parientes o amigas. Invitad a los mejores amigos de vuestros hijos y a las mejores amigas de vuestras hijas. Escoged con cuidado, pero procurad que haya muchachos y muchachas en vuestro ambiente familiar si no queréis que vuestros hijos se os escapen.

Son preferibles las medidas preventivas a las represivas. Podréis mostraros severos en las relaciones de vuestros hijos a partir del momento que seáis vosotros quienes se las habéis procurado.

Sin duda, si hacéis que vuestra casa esté abierta, tendréis que aguantar mucho ruido, desorden y cansancio, y la promiscuidad no deja de tener sus peligros, pero los encuentros fortuitos y las relaciones clandestinas son mucho peores.

Es natural e indispensable que muchachos y muchachas se conozcan y se traten. ¿En qué mejores condiciones que en la atmósfera familiar?

Claro está que no basta con que los padres inviten y luego se eclipsen discretamente «para no molestar». Todo lo contrario, conviene que se mezclen alegremente con la juventud, que les inspiren constantemente ideas, iniciativas, proyectos y juegos, un nivel de conversación, de compostura y delicadeza de alma que ellos solos no serían capaces de lograr.

La mezcla de muchachos y muchachas sólo es sana con una condición: que el interés de las ocupaciones que les reúne sea superior al de su atracción recíproca. Que en vez de mirarse uno a otro, miren juntos en la misma dirección y aprendan a verse sin fascinarse. Que el grupo permanezca unido en la actividad común, sin desintegrarse en parejas que se aíslan.

La vida en familia, la presencia de adultos equilibrados y animosos puede dar precisamente un interés que libere a los jóvenes y les ayude a superar los inconvenientes de su proximidad. Entonces, la mezcla de muchachos y muchachas dará, a todo lo que se haga en común, gran animación, alegría y distinción.

Imponed un régimen de vida suficientemente amplio, pero regular. Por ejemplo, una hora discreta para levantarse, apta para asistir algún día a misa. El ideal del muchacho, a pesar de las apariencias, es llegar a ser como su padre y su madre, aunque a veces defienda la contrario. Si creéis que la misa es una cosa «buena para los niños», podéis estar seguros de que precisamente por esto encontrarán una razón decisiva para encontrarla mala. La pereza de la mañana estropea el día. Por esto hay que acostarse a tiempo por la noche.

Con un poco de imaginación encontraréis trabajos, excursiones, exploraciones, juegos, campeonatos, que pondrán en danza a toda esa juventud. En tanto se mostrará pesada, inerte, pasiva, en cuanto esté dejada a sí misma; puesta en órbita y orientada, es capaz de desbordaros de entusiasmo y energía.

Encauzar un río, limpiar un estanque, construir una sala de gimnasia, levantar una choza, explorar cuevas, seguir la caza al amanecer o por la tarde, coleccionar, dedicarse a la botánica o a la entomología, hacer cestos, tejer, limpiar el jardín o el desván, enjalbegar las paredes, pintar o esmaltar de nuevo los bastidores de las ventanas, leer un libro que se comente en común luego, montar torneos, campeonatos en casa o en el campo, aprender cantos, tocar la guitarra o la armónica, todo esto puede entusiasmar si sabéis presentarlo, si se hace con la alegría de la convivencia y si les pedís ayuda y consejo en vez de tronar normas a estilo militar. No basta decir a los hijos: «¿Cómo podéis matar el tiempo sin hacer nada? Cuando yo tenía vuestra edad...» El arte consiste en que consideren como propio lo que vosotros habéis escogido y que les interese. Y hasta seréis capaces de jugar con ellos, aunque sea a guardias y ladrones.

Vacaciones en obras
y movimientos sociales

Los adolescentes han de aprender a no vivir sólo para sí mismos y para sus gustos. Una parte de las vacaciones habrá que destinarla a los otros y procurar que tengan vacaciones quienes no las habrían podido tener sin ellos.

Los mayores pueden tomar parte en campañas de alfabetización, servir en colonias, en albergues internacionales, ayudar a construir viviendas, asistir a algún cursillo de temas sociales...

Durante las mismas vacaciones familiares podéis haberles orientado prácticamente, organizando juegos o fiestas, poniéndose a disposición de alguna institución apostólica, ayudando a los campesinos en sus faenas, asistiendo o ayudando a misa dignamente...

Vacaciones individuales

Estas vacaciones evidentemente han de ser proyectadas, organizadas y realizadas contando con los padres. La educación de la responsabilidad es necesaria, pero ha de ser progresiva. Los adolescentes podrán ir a excursiones de uno o dos días con compañeros de confianza. Los mayores serán autorizados para expediciones de más envergadura, ya que contarán con experiencias previas. Es un error no fiarse nunca. Pero fiarse absolutamente es una ingenuidad. Hay que aconsejar, ayudar, controlar, animar.

Las salidas al extranjero están de moda. La mayoría de los adolescentes no sacan ningún provecho y sí experiencias negativas. Para aprovechar se requieren unas bases y sobre todo una aplicación y una perseverancia que suele ser rara en muchachos de vacaciones. En fin, muchos padres parecen ignorar lo vulnerable e influenciable que es un adolescente fuera de su ambiente. Encontrar una familia segura es difícil. ¿Quién de nosotros aceptaría la responsabilidad de un adolescente extranjero? Comprometerse a conciencia podría estropear nuestras vacaciones. Lo mismo pasa a las familias que reciben a vuestros hijos. Son pocas las que se ocupan de ellos y los vigilan como es debido.

Los «cursos de verano» son más peligrosos todavía. Si los padres supiesen lo que pasa muchas veces, quedarían horrorizados. Pero el hecho de que los hijos estén en Holanda, en Inglaterra o en Suiza parece anestesiar su imaginación. Creen que en un país distinto del suyo todo ha de ir a pedir de boca. En el propio desconfiarían más. Como conocen a sus compatriotas... A trescientos kilómetros de distancia la confianza inmediatamente es total. No hay que mandar lejos más que a personas maduras que puedan juzgar y adquirir lo bueno, sin perder lo que han aprendido en casa.

¿Y las vacaciones dedicadas a preparar asignaturas?

Que estudien el doble durante el curso en vez de perder las vacaciones. Si trabajan ahora, descansarán durante el primer trimestre. Y es imposible querer que aprendan en dos meses lo que no fueron capaces de aprender a lo largo de todo un curso. Corren el peligro de estropearse la salud y ganarse una plaza de reserva en la cola.

Si de hecho hay que pasar un examen, diez días al final de las vacaciones tendrían que bastar para prepararlo, si sólo se trata de una sanción impuesta por razones disciplinares.

* * *

Alguien pensará que organizar unas vacaciones así es poco descansado. Exacto. Volveréis con la impresión de haber empleado el tiempo, de haber trabajado más, haber organizado, haber previsto más que durante el curso.

Pero vuestros hijos volverán maravillados. Y el mejor recuerdo que conservarán siempre será el haber visto a sus padres como nunca los habían conocido, más cerca de ellos, más jóvenes y más entusiastas, distintos a como los habían observado cuando el trabajo los acaparaba.

Vosotros mismos, quizás no os sintáis más descansados, pero os encontraréis mucho más jóvenes y renovados. Vuestros hijos os habrán hecho un gran bien. Los conoceréis mejor, los guiaréis más fácilmente. Y os sentiréis orgullosos de saberos su padre y su madre.

He conocido familias para las que las vacaciones, imaginaos, eran la mejor época del año.

«Durante las vacaciones, me decían los hijos de una familia numerosa, papá y mamá son para nosotros. Ponemos a la sirvienta de patitas en la calle (querían decir que le daban vacaciones) y hasta somos capaces de entornar los postigos para que los vecinos crean que no estamos en casa y no vengan. Y entonces, nosotros jugamos, trabajamos, nos divertimos».

Unos padres, que tenían cuatro hijos de diversas edades, eran tan clarividentes que al acercarse las vacaciones preguntaban a los hijos qué planes tenían para el verano (un adolescente raras veces sabe lo que quiere, pero siempre sabe una cosa: no quiere que le impongan algo). Los padres anuncian tranquilamente que ellos habían decidido hacer tal viaje o irse a tal lugar. Dicho, sin excluirles expresamente, pero sin invitarles tampoco. Los muchachos habrían encontrado mil objeciones ante una medida que les hubiera afectado. Como habían sido bien educados, tenían para sus vacaciones mil proyectos de campamentos, de viajes, de expediciones. La proposición de unas vacaciones en familia no hubiera conseguido la plena conformidad de todos en cuanto al lugar y las fechas. Pero oir hablar a los padres como si fuesen a partir sin ellos les dejaba helados y casi instintivamente afloraba la pregunta por boca del más pequeño: «Y nosotros, ¿no podríamos ir también?» ¡Triunfo de la diplomacia familiar! Los cuatro, con un plan de vacaciones supercargado, encontraron quince días libres para pasarlos con sus padres.

II
Un método moderno
de educación en internado

7

EL MUCHACHO MODERNO

E L proceso contra el muchacho moderno está a la orden del día en las tribunas públicas, en revistas y libros y en no pocas películas, pero principalmente en todas las familias: «En mi tiempo no se hacía esto, ni se habría dicho lo otro, ni se habría permitido aquello».

Hay que convenir en que educar nunca ha sido cosa fácil, pero jamás ha sido tan difícil como hoy. Los verdaderos responsables de esta situación, hay que decirlo desde un principio, no son ciertamente los hijos. Según dicen la mayoría de los biólogos, los de hoy son idénticos a los de hace mil años. A su llegada al mundo, no son ni más ni menos perfectos que nosotros en aquel momento. Sus cromosomas y sus genes, es decir sus factores hereditarios, los han sacado de nosotros. Si los hallamos tan distintos, sólo se puede atribuir a la distinta valía de los educadores que tuvimos nosotros y la de los que ellos han tenido, que son quienes les censuran. Si el germen era idéntico, todo dependerá del ambiente.

«Ya veo por dónde va usted, dirá alguien. Usted pertenece al grupo de educadores modernos que critican a los padres. Nos dirá en seguida que no hay hijos difíciles, sino únicamente padres difíciles, y que usted sólo conoce hijos terribles salidos de padres terribles».

Pues se equivoca, amigo. No creo que sean los padres los primeros culpables. Los que están enfermos hoy no son los hijos, ni siquiera los padres. Lo que está enfermo es el *tiempo* en que vivimos. Nuestro tiempo está enfermo; sin fe, la duda se ha convertido en opinión general; sin seguridad, la guerra está en la esquina y nosotros vivimos en vísperas del diluvio; sin optimismo, sólo vemos caras de mal humor y no oímos más que palabras amargas y profetas de calamidades. Por esto los hijos, antes que nada, para educarse necesitan fe, seguridad, confianza. Lo que cada familia tiene que hacer es luchar con todas sus fuerzas contra las corrientes de opinión y las olas de fondo de la sensibilidad contemporánea, al no poder proteger a los hijos de toda infiltración de fuera y de la influencia de muchachos menos defendidos que los suyos.

Nuestros jóvenes están profundamente marcados por la vida moderna, aunque pertenezcan a los mejores ambientes y provengan de familias muy unidas. La mayoría de los muchachos que se nos presentan a los educadores invariablemente son muchachos nerviosos, distraídos y aturdidos.

Nerviosos. A través de sus padres viven al ritmo de la vida moderna, agitada y trepidante. Les gustan las emociones fuertes y su distracción favorita es leer libros violentos, asistir a una película de gangsters, una proyección de moto-cross o una carrera de coches.

Son tanto más nerviosos cuanto más muelles. Con una sensibilidad educada muy lejos del esfuerzo físico y moral. No saben qué significa endurecerse, esperar, negarse, dominarse. No aguantan un mínimo contratiempo, una contrariedad, ni siquiera la que exige la urbanidad. Debilidad de carácter que deja campo abierto a los instintos y a los nervios.

Distraídos. Cuando nos visitan para hablarnos de un muchacho, la descripción de su carácter es más o menos así: es un muchacho muy capaz, inteligente, despierto, cariñoso, pero de una gran inestabilidad, incapaz de centrar la atención, lo olvida todo, desordenado, sin el más mínimo método de trabajo. ¿De dónde procede esa dispersión? La explicación es sencilla. Los muchachos modernos, a fuerza de radio y de ruido, han aprendido a no escuchar; a fuerza de televisión, de cine y de rapidez, a no ver; a fuerza de distracciones, a no concentrarse. Les falta curiosidad o, más bien, energía en la curiosidad, debido a la competencia irresistible que los placeres fáciles, las imágenes, el movimiento, los ruidos, ofrecen a las ocupaciones inteligentes y constantes.

Nuestros alumnos son incapaces de atención voluntaria. A un niño de hoy podéis repetirle mil veces lo mismo; si os atiende, pondrá cara de sorpresa, es la primera vez que oye hablar de ese tema. ¿Cómo es posible esto? Son los largos años durante los cuales funciona la radio sin que la escuche comida tras comida, conversación tras conversación, estudio tras estudio. Su madre dice: «Oye las recomendaciones como si oyera llover». Es verdad, ha oído llover mucho. Y un profesor que recibe a un muchacho con esta preparación no tendrá más remedio que tratarle con una larga cura de silencio a fin de desintoxicarle del ruido. El muchacho moderno ha aprendido también, a base de cine y velocidad, a no ver. A razón de 24 imágenes por segundo, el cine le ha habituado a no observar; a 100 km por hora, el arte y la entomología están de sobra, sólo está la carretera enfrente para el que conduce y el cuentakilómetros para quien está sentado al lado del conductor.

Nuestros alumnos padecen de insuficiencia de atención. Han oído hablar de todo y no saben nada con precisión. Desde pequeños se han acostumbrado a dejarse llevar por sensaciones sin fijarlas. Claudel dice más o menos esto:

> El cine, fantasmas que en masas inagotables se nos echan encima, el auto que transforma la naturaleza en una especie de viento de color, el jazz, todo está calculado para provocar una sensación reemplazada por otra, precisamente en el momento en que iba a transformarse en pensamiento. La imagen, apenas nacida, es abortada.

Qué contraste con lo que R. D'Harcourt dice de la educación de Goethe:

> El instrumento primordial para el desarrollo de las riquezas interiores fue la observación, la lentitud, la nitidez, la mirada constante sobre las cosas..., la inestimable riqueza de la diafanidad de las huellas.

Sí, los muchachos de hoy deberían pasar por esa diafanidad de las huellas para adquirir toda una reeducación: hacerles oir el sonido del aire, y volvérselo a hacer oir, mostrarles una imagen, y luego que la dibujen o la describan. Antes de los seis años, antes de la edad escolar y fuera de la clase, es el momento de aprender a aprender.

Sucede, a veces, que un profesor de colegio es nombrado maestro en un pueblo. Y allí, en un rincón apacible, descubre con asombro que aquellos alumnos recuerdan lo que se les dice, todo cala y se graba con precisión, y no puede menos de acordarse de los otros diablos, de los pobres alumnos de las ciudades, que serían tan buenos como los del campo si su ambiente no les hubiese preparado tan mal para aprender.

Los muchachos modernos son pasivos. No han aprendido el esfuerzo quizás porque el ambiente en el que viven se preocupa demasiado del confort. Los padres, que son muy trabajadores, han procurado crear un hogar perfectamente tranquilo. Buscan distracciones fáciles que compensen el esfuerzo de su trabajo, pero en el que los hijos no aprenden más que la ociosidad y la pereza, y sólo se les pide que estén quietos. Demasiados padres esforzados, constantes, entregados, en vez de transmitir a sus hijos las cualidades que les han hecho triunfar a ellos, impiden que puedan practicarlas los hijos al darles demasiadas facilidades y placeres.

El uso universal de las máquinas es un caso concreto de la búsqueda del mínimo esfuerzo. La vida moderna procura reemplazar el trabajo de un hombre por la acción de una máquina. Pero un niño se hace hombre por el esfuerzo. Las máquinas modernas impiden que los muchachos maduren. El hombre es un ser que se hace. Siendo el más débil de los animales, en un comienzo, logrará la superioridad por conquista. De ahí, que de joven sea incansable en su curiosidad, en la necesidad de movimiento, en el gusto por las aventuras y las novedades. La naturaleza prudente había sancionado la pasividad, la pereza, con un castigo insoportable: el aburrimiento. El mundo moderno ha descubierto por desgracia el medio de no aburrirse sin dejar de no hacer nada: ha inventado el placer fácil, hecho, que permite olvidar la molestia que nos habría forzado a cambiar de carácter y a ocuparnos en algo. Y ahí está, en el cine, en el coche, en la televisión, sin hacer nada y sin aburrirse.

El colegio intenta por todos los medios reaccionar frente a esa influencia. Situado en pleno campo, porque a los muchachos nerviosos hay que tratarlos con aire puro, con amplios horizontes, mucho sueño y mucho juego. Basta contemplar cómo disfrutan nuestros alumnos en los campos de deporte y de recreo para comprender el inmenso beneficio de la distensión.

Queremos interesar a nuestros alumnos en lo que hacen y para esto empezamos por encontrar sus intereses naturales. Todo es bueno para despertarlos. La razón más poderosa de los fracasos, pese a todo lo que se diga, es que el alumno no «quiere» aprender: va a clase como el obrero saboteador que en la fábrica «hace» lo menos posible; se defiende contra los que le obligan a trabajar y su mejor táctica es engolfarse en el aturdimiento. En clase, igual que en el internado, nos esforzamos por despertar a esos sonámbulos, ponerles en camino, interesar a los distraídos en sus cosas, hacerles vivir en el colegio en vez de soñar toda la semana en el week-end último o en el week-end que va a venir. Nuestras clases y nuestros métodos de enseñanza son activos. En las clases animadas con preguntas, risas, con emulación, hacemos trabajar mucho, buscar y reflexionar mucho, y muchos quedarían extrañados si supiesen que, en un colegio en el que se dedica diariamente una hora al deporte, los alumnos tienen seis horas de clases y de dos a cuatro de estudio. Echamos mano de muchos de los descubrimientos de la pedagogía moderna para lograr, por medio de métodos adaptados a la mentalidad de los muchachos de hoy, los resultados que con elementos diferentes conseguían los métodos pedagógicos antiguos.

Nuestros métodos de educación se inspiran en los mismos principios. Queremos mostrar a nuestros alumnos que la felicidad no depende del dinero que se gasta, de las máquinas que se emplean, del lujo en que se vive, sino que nace espontáneamente de la integración y de la ingeniosidad, y que utilizando a fondo los recursos de cada uno se llega a crear en clase, con el escultismo, con los grupos, una pequeña ciudad industriosa y alegre, rica con todas las riquezas descubiertas en cada uno de sus miembros.

Intentamos suscitar una gran simpatía y una gran confianza entre alumnos y educadores. «¿Cómo queréis que le enseñe, decía un clásico, si no me ama?» La mayoría de los niños y aun de los jóvenes no serán capaces de querer sus estudios si no aman a sus profesores, y el espíritu sólo se abre y se suelta con la llave de la simpatía.

En fin, llamamos a las puertas de su generosidad. Confiamos a los mayores la responsabilidad de los más jóvenes, con lo que aquéllos hacen por otros lo que no harían para sí mismos. Hacemos que nos ayuden en todo y nuestro afán es asociarles cada día más a todo lo que hacemos, para que un día sean capaces de reemplazarnos y de sobrepasarnos.

8

EDUCACION NUEVA

> He reunido a los maestros de mis escuelas
> y les he dicho: no os equivoquéis. Os he
> confiado a los hijos de los hombres no para
> pesar luego la suma de sus conocimientos,
> sino para alegrarme con la calidad de su as-
> censión. Y no me interesa absolutamente nada
> el alumno que conozca, llevado en litera,
> mil cúspides de montañas... Sólo me interesa
> quien haya ejercitado sus músculos subiendo
> una montaña, aunque no sea más que una...
> Y cuando digo montaña, quiero decir mon-
> taña para ti que te has arañado en sus zarzas,
> que has rodado por sus precipicios, que has
> sudado contra sus piedras, recogido flores que
> has respirado luego al aire libre en sus crestas.
> Y cuando digo montaña a un gordo tendero,
> no trasiego nada a su corazón (Saint-Exupéry,
> *Ciudadela*).

Educación nueva

CREEMOS que hay que renovar los métodos de
educación. Y renovarlos constantemente. El educador ha de seguir siempre al muchacho, observarlo,
auscultarlo, adaptarse a él para adaptarlo más eficaz
y vigorosamente a nosotros y a sus tareas futuras. La
educación será siempre nueva, igual que el niño es
siempre nuevo, como el mundo evoluciona sin cesar,
Las cosas más verdaderas se hacen falsas al envejecer.

No están adaptadas. Y en cualquier momento pueden comprobar que cuando se dice una verdad, una cosa absolutamente verdadera, se ha dicho una cosa nueva.

Por esto «seguimos» apasionadamente a nuestros alumnos. Para comprenderles, para entusiasmarles. Inventamos sin cesar el ambiente, la disciplina, el marco y los medios que saquen fuera toda la riqueza que cada uno posee y que con frecuencia esconde. No rechazamos la tradición. Escuchamos a los que van en vanguardia, consultamos a los maestros, estudiamos a los psicólogos. Pero es precisamente su doctrina la que nos preserva del dogmatismo y es un ejemplo el que nos arranca de la rutina y de la pereza cómoda de seguir haciendo lo que siempre se ha hecho.

Hay muchos padres juiciosos que estudian a sus hijos, observan sus necesidades y se adaptan, prevén sus reacciones y se acomodan a ellas, condicionan la disciplina familiar, sus exigencias y aun su mismo carácter al desarrollo y, a veces, a las debilidades de sus hijos. Nosotros queremos hacer lo mismo. Se lo decimos claramente: queremos hacer lo mismo que vosotros. Amaremos y adivinaremos a vuestros hijos. También para nosotros no hay dos que sean iguales. Y estamos dispuestos a cambiar todos nuestros métodos, todas nuestras costumbres y todas nuestras sanciones, si vemos que vuestros hijos lo necesitan. He aquí lo mejor de nuestro método.

Colegio vivo

Los «educadores» temen a los alumnos vivarachos y turbulentos. Nosotros, en nuestro colegio, tememos a los pasivos y a los cerrados. Poco a poco procuramos arreglar a los que nos llegan estropeados: los sordos, a los que se puede repetir mil veces la misma regla de gramática o la misma advertencia disciplinar sin que la comprendan, la retengan o la entiendan siquiera; los inertes, que saben demasiado bien que lo único que se les pide es no estorbar; los frívolos, que a lo largo de las muchas horas de clase sólo han desarrollado una capacidad prodigiosa de divertirse con naderías. Juego para esos dormidos, baño, deporte con disciplina estricta de equipo, clases vivas y alegres, grupos activos y con ilusión de aventura. Que aprendan que en el colegio se puede «vivir», que para aprovechar nuestras clases y para poner en práctica nuestros consejos, tienen que echar mano de toda su juventud, de todas sus fuerzas activas, de toda su natural intrepidez, de todo lo que, en una palabra, habían creído tener que orillar el día que franquearon nuestro umbral.

Creemos que nos encontramos ante una generación muy pasiva y muy agitada. Nerviosos e inestables, cuentan con la única energía que les lleva a pasar de una ocupación fácil a una distracción pasiva. El esfuerzo constante les repugna. A la edad en que los recibimos, nos parece que la mejor manera de tratarles consiste en estimular su actividad por medio de clases muy vivas, mucha iniciativa, responsabilidad, deporte y múltiples intereses, y calmar sus nervios en plena naturaleza, con expansiones bien organizadas, con silencio absoluto en todo el colegio en ciertos momentos del día y una disciplina firme pero aceptada y aun querida por la inmensa mayoría de los alumnos.

Pabellones en el campo

Un pensionado en la ciudad es un crimen. Si hiciese falta, sería preferible trasladar cada día los alumnos del campo al colegio antes que encerrarles dos veces: en una ciudad y en un pensionado.

Hemos observado que nuestros internos son tanto más felices cuanto sus pabellones están más lejos de los locales de las clases y se parecen más a una casa que a un «colegio». La primera condición de distensión nerviosa está en un cambio total de atmósfera entre los locales escolares y los pabellones del internado.

Hay que hacer estallar el bloque monolítico habitual reduciéndolo a una serie de pabellones aislados en medio de la naturaleza. Cada desplazamiento supone ponerse en contacto con la naturaleza. Nada de largos y sucios muros, de pasillos polvorientos para ir al comedor. El viento, el sol, la lluvia, los árboles, las flores que renuevan y alegran. Abajo los rebaños de alumnos lentos y sufridos, los grandes refectorios ruidosos, los inmensos «estudios» vigilados desde todos los ángulos por los encargados del orden.

La masa es ineducable. Educar es dividir. Cada pabellón consta de treinta a sesenta alumnos. Todos se conocen y todos son conocidos. La vida está adaptada a su edad y a sus necesidades. Mejor aún, es el alumno el que la organiza. Se siente en su casa, se responsabiliza de la ornamentación y de la conversación. Es miembro activo de un grupo articulado, independiente, que posee su propio reglamento, sus jefes, sus tradiciones, y sobre todo su orgullo, su espíritu de cuerpo.

Grupos verticales
y grupos horizontales

Los alumnos están distribuidos según su edad (es decir según su desarrollo y no según su estado-civil) y en dos modalidades: los más jóvenes en grupos homogéneos de pequeños (7-10 años) y de juniors (10-12); los otros en muchos grupos verticales paralelos de 12 a 18 años.

La atmósfera educativa se enriquece con la aportación de caracteres muy distintos y se hace más familiar. La gravedad, la seriedad de los mayores calma la turbulencia y la despreocupación de los más jóvenes. Mientras que la gracia, el entusiasmo, la finura de éstos deshace la inercia y sostiene la abnegación de los otros.

Los «viejos», en un colegio, por lo general suelen excederse. Al tener conciencia de que terminan suelen convertirse en elementos desintegradores. Responsabilizarse de los más jóvenes, comunicarles lo que ellos han recibido antes, les estimula a dar buen ejemplo. Siempre se hace más por los otros que lo que se haría por uno mismo. Iniciar a los jóvenes en el respeto al reglamento es un motivo nuevo para seguir observándolo. El espíritu del colegio, que consiste en interesar a los muchachos por su formación y por la de sus compañeros, florece entonces en los mayores que se convierten en sus verdaderos testigos.

Así se constituye una minoría selecta influyente que se impone por una diferencia indiscutible de edad y de madurez. Es ella la que guarda las tradiciones del grupo en el que viven durante tres o cuatro años y, si la valía de los mayores lo permite, el presidente del grupo hasta puede ejercer entre los alumnos el apostolado de un consiliario que gana en influencia todo lo que se ahorra en autoridad.

El colegio de muchachos difíciles

«Si sigues así, te encerraré en un colegio». Nuestros alumnos nos llegan de esta manera.

Son muchachos ordinariamente nada fáciles. Y los fáciles, según nuestra experiencia, raras veces son los mejores.

El ansia de independencia que apena a la madre, que irrita al padre, es sin embargo indicio y promesa de la fuerte personalidad que los hijos alcanzarán un día. Sin duda, las manifestaciones desconciertan con frecuencia por su grosería, por su cabezonería y por su negativismo. Pero muchos padres cometen la equivocación de luchar al mismo tiempo contra la causa y contra sus inadecuadas expresiones. El adolescente, felizmente rebelde a la violencia puramente exterior (¿qué será luego, más tarde, sin independencia?), se subleva o disimula. Y es entonces cuando los padres se descorazonan al creer que han perdido toda influencia. ¡Qué ingenuidad!

Ese adolescente cabezota y esquivo cuando nos hemos enfrentado con él, es enormemente sensible a las ideas, que hace suyas —cree que son suyas— después de la más mínima sugerencia, que defiende ante los otros, después de haberlas refutado groseramente ante nosotros. Si supiésemos cómo es de sentimental: al borde de las lágrimas cuando se siente fastidiado, de qué manera nos ama cuando no estamos presentes, cómo se siente desamparado, cómo desea ser consolado de haber sido tan malo, cómo una palabra dulce, confiada, de nuestra parte rompería en mil pedazos la armadura con que se ha revestido para resistirnos. Si supiésemos cómo se maltrata, se desprecia y se desespera por saberse atado a su humor, a sus compañeros, a la opinión pública, al tiempo que hace, a vosotros, a todo…, no, no lo encontraríamos tan intratable. Descubramos en cada uno de sus gritos de rebeldía una llamada ahogada, un grito de angustia, y volaremos en ayuda de su pobre fuerza, de su demasiado débil independencia, le protegeremos contra nosotros mismos, contra todos, y simulando tomar en serio el hombre que pretende ser, le insinuaremos discretamente los verdaderos medios para afirmarse y para realizarse.

Es realmente demasiado vulnerable para que no le tratemos con una infinita paciencia, le animemos y le respetemos. Ante un adolescente hay que saber desaparecer, «hacerse aceptar como testigo» en vez de imponerse como maestro, favorecer el nacimiento de una personalidad que desafía a la nuestra e irla integrando según se reprimen los excesos.

> Un hombre tenía dos hijos. Dirigiéndose al mayor le dijo: vete a trabajar hoy al campo. Pero él le contestó: no quiero. Pero luego se arrepintió y fue. Se dirigió luego al segundo y le dijo lo mismo. Este le contestó: ahora voy. Pero no fue. ¿Cuál de los dos hizo la voluntad de su padre?

Todo el drama de la adolescencia está en esta parábola. Sobran los comentarios sobre el hijo «fácil», el «preferido de mamá», el bueno que dice «sí» a todo, que no duda de nada, y que precisamente traicionado por su irreflexión y su debilidad, debido a su lamentable dependencia, nunca dejará de ser niño.

Pero ¿comprendemos, preferimos de veras al primero? ¿Descubrimos al hijo en la respuesta insolente «no quiero»? ¡Cuánto hay que amar al hijo difícil, al atormentado, al despedazado por su afán de independencia! Es pesimista, se sabe débil, duda de su fuerza, ¡tienen tan mala opinión de él! Hasta quizá es poco delicado adrede, debido a que una vez no cumplió su palabra y luego ya no se atreve a darla. O hemos sido nosotros quienes le hemos deshecho, rechazado, nosotros que, al no concederle nuestra confianza, hemos impedido la suya. Es demasiado nuestro hijo, demasiado tierno, demasiado sensible, tiene demasiadas ganas de hacer, tiene demasiada tendencia a ceder. Y sabe que esto no está bien. Por esto tiene que decir «no», para afirmar su independencia, para mostrar que no es débil, que no obedece por infantilismo o por sentimentalismo, para que pueda luego libremente, libre de sí y de nosotros, de su miedo y de su dependencia servil, amar y obedecer de veras.

9
REGIMEN DE CONFIANZA

L os principios de esta educación son evidentes: hay que dar al alumno toda la libertad de que sea capaz. Aún más, hemos de cultivar y estimular la necesidad y el ansia de independencia, porque ahí es donde radica el gran resorte de su conducta moral.

Expliquémoslo. Una educación razonable comienza con el adiestramiento, el condicionamiento de los reflejos y la obediencia absoluta, pero ha de terminar en la autonomía, la convicción personal, el sentido de responsabilidad y de colaboración. El educador ha de organizar el oportuno tránsito de la primera a la segunda etapa.

El niño nace con una voluntad demasiado débil y unos instintos demasiado fuertes. «Dejarle libre» le esclavizaría a sus caprichos. Precisamente nuestra autoridad razonable le libera fortaleciendo su débil voluntad a través de la voluntad firme del educador. Obedeciendo, el muchacho experimenta la alegría de hacer lo que debe, lo que en el fondo quiere hacer, pero que no tendría coraje para hacerlo abandonado a sí mismo.

Todo el problema está en conformar la intervención del educador según las necesidades exactas del educando.

Una excesiva autoridad aplasta al niño y le impide querer. Adquiere la costumbre de hacer, no la de querer hacer. Será uno de los internos clásicos: pasivo, desangelado, siempre cansado, que el domingo por la tarde se adentra en un túnel de ladrillos y cemento, con los faros apagados, desconectado el sentimiento, neutralizada la espontaneidad, para salir el sábado siguiente después de haber aprendido, haber dado y haber sufrido lo menos posible.

Insuficiente, la disciplina no sostiene nada; la voluntad del alumno demasiado tensa se rompe; el exceso de responsabilidad enerva y descorazona.

No se trata de dos métodos de educación, el uno a base de autoridad, el otro a base de libertad, como si fuesen dos cosas radicalmente opuestas. Toda educación comienza por la autoridad con muy poca iniciativa, y termina por la iniciativa y la responsabilidad con muy poca autoridad.

Autoridad y libertad, disciplina e iniciativa, han de ser las dos fuerzas, flexibles y alternas, de una auténtica educación.

En la práctica ¿qué es un régimen de confianza?

Sólo los adversarios tradicionales y los profanos se imaginan que el sistema de confianza consiste en suprimir la vigilancia. Es algo mucho más complejo.

La primera obligación de un educador que desea poderse fiar de sus alumnos consiste en merecer y ganar la confianza. La confianza es recíproca. Profesor y alumno se la exigen mutuamente y se esfuerzan en justificarla. Tal emulación crea un clima de elevación moral sin el cual sólo habría engaño. Nadie se esfuerza por merecer la confianza de quienes juzga que no la merecen. Nuestro primer empeño no consiste en tratar a todos los alumnos con «confianza», sino con lealtad, claridad y sentido común, y lograr una profunda armonía.

Hay educador, padre o profesor, al que se le encuentra constantemente en flagrante delito de hipocresía. ¡Cuántas mentiras entre los alumnos, pero también cuántas entre los educadores! Desde los reyes magos y las respuestas embarazosas, dilatorias o fantásticas sobre el sexo y el origen de la vida, hasta nuestras vacías amenazas, irreflexivas y exageradas, raras veces llevadas a cabo. Nuestros muchachos son testigos de innumerables mentiras familiares, y cuando les sorprendemos mintiendo no hay nada tan saludable como releer una página de san Juan:

> El hijo no puede nada por sí mismo, sino sólo lo que ve hacer al padre.

El gran motivo por el que nuestros adolescentes pierden la fe es el descubrimiento de la hipocresía en los adultos.

¿No nos pasa que fingimos confianza, cuando de hecho sólo contamos con nuestra autoridad y nuestra vigilancia, que alardeamos de tenerla cuando somos incapaces de vigilar o para aumentar el volumen de nuestros reproches llegado el momento de la represión?

¿Qué educadores tienen realmente el ideal de liberar a los hijos de la autoridad y asociarles progresivamente a la dirección de la familia y del colegio?

Hay dos concepciones de la educación entre las que hay que elegir, pero que con demasiada frecuencia empleamos simultáneamente, como si se tratara de una partida doble.

O mandar siempre, vigilarlo todo, y ahorrar a nuestros alumnos tener que querer y pensar. O pedir mucho en nombre de un ideal muy exigente, pero mandando lo menos posible, dejando que la responsabilidad de su conducta pese cada vez más sobre los mismos hijos para enseñarles a que vayan prescindiendo de nosotros. No organizar su vida en razón de nuestra comunidad de vigilantes, sino ponernos lealmente a su servicio para que crezcan y se independicen.

Creemos que una vez terminado al adiestramiento de los primeros años (hay sujetos para los que esta etapa desgraciadamente no ha tenido lugar), la educación consiste en respetar la libertad espiritual del muchacho (¡no sus caprichos!), en hacerle noble y deseable la obediencia, y en buscar en su naciente personalidad un aliado contra su instintivo individualismo.

Los muchachos modernos, sobre todo, poco habituados a los imperativos, que nos llegan frecuentemente endurecidos por desastrosas violencias, son capaces, por generosidad y por ideal, de imponerse a sí mismos una disciplina rigurosa, si se les propone virilmente, en vez de pretender someterles a la fuerza.

Desde el momento en que un alumno viene a nosotros, y sobre todo si su experiencia es vasta y sus puntos de referencia numerosos, lo que le extraña es hallar un colegio organizado «por los alumnos»; los profesores se interesan por él, los reglamentos se reducen al sentido común, las distracciones y los juegos se preparan con el mismo cuidado que las clases. En el internado encuentra un ambiente nuevo, muy diferente del de clase, que permite el sosiego y fomenta la iniciativa. Se siente acogido amigablemente por compañeros que le integran en un equipo, le enseñan las costumbres y le llevan a sus deportes y clubs preferidos. Aprende a distinguir toda una jerarquía de jefes de equipo, de jefes de grupo, de responsables de los locales, de jueces y de tribunal, y se familiariza rápidamente con la presencia de dos educadores que viven entre los alumnos como dos mayores, que van al estudio a preparar sus propios trabajos, al juego para integrarse formando parte de un equipo, al consejo para dar e intercambiar sus puntos de vista. En vez de tener delante un vigilante que acapare su atención e irrite su necesidad de independencia y de actividad, se encuentra, ante un grupo vivo y activo, y no le queda más remedio que orientarse para seguir a su ritmo y participar de su espíritu.

El centro y el motor de un grupo es el «consejo», asamblea semanal y a veces más frecuente, en la que se presentan, se explican, se discuten y, a veces, se votan los reglamentos e intereses propios del grupo. No hay nada tan eficaz para crear un espíritu como la discusión cuando está bien dirigida: surgen y se solucionan mil dificultades que de no haber salido al exterior actuarían como causas permanentes de sorda irritación; se estudian, explican, se ponen como ejemplo o se desaprueban casos interesantes de disciplina, de educación, de energía y de trabajo; los reglamentos y costumbres del grupo se vuelven a explicar regularmente, se modifican en los detalles concretos de aplicación, se mejoran; cada alumno puede exponer su punto de vista, manifestar su conformidad y comprometerse a respetarlo. La autoridad del profesor ya no será la única en ofrecer garantías. Se apoyará en convicciones personales y en la opinión pública, tan poderosa, que ha sancionado las medidas y que queda como testigo de la conformidad y, a veces, de las promesas individuales. El consejo se completa con diferentes instituciones. Los jefes de equipo forman un comité que se reúne por lo menos semanalmente, tanto en presencia como en ausencia del presidente del grupo. Responsables de la buena marcha de su equipo, y aun del grupo en general, sirven de intermediarios para presentar al jefe de grupo los planes y los deseos de los alumnos, y para conseguir que éstos admitan y observen las decisiones de la autoridad que a veces les han sido consultadas y siempre explicadas anteriormente.

El papel de los jefes de equipo aumenta con la diferencia de edad y en los grupos verticales (de doce a dieciocho años) su influencia llega a ser preponderante: cuidan de las tradiciones, se hacen cargo de responsabilidades, sostienen las iniciativas y gobiernan el turbulento pequeño pueblo.

La institución del «tribunal», cuando es posible debido a la inteligencia general y a la presencia de algunos alumnos dotados de tacto y de influencia, termina por conferir autonomía al grupo y sentido de responsabilidad.

De común acuerdo entre profesores y alumnos de un grupo, se llega a poner en manos de algunos de los mayores, elegidos por sufragio universal, la autoridad disciplinar de unos y la obediencia de otros. El pacto dura un mes. Al terminar el mes, se lee la serie de medidas tomadas por los jueces, se abre la discusión y se cierra con una votación que decide la continuación del sistema y la elección de nuevos jueces o la reelección de los antiguos.

La competencia del tribunal se extiende a todos los casos en los que entra en juego el bien del grupo; sus intervenciones han de ser raras; actúa espontáneamente o por petición de un interesado.

Su buen funcionamiento ejerce una influencia inapreciable en la vida del grupo. Todos los educadores han lamentado ese fenómeno casi universal: la timidez, por no decir la cobardía de los buenos, la audacia y el prestigio de los malos. Estos se convierten en cabecillas; si son mañosos e hipócritas, escandalizan y desaniman a los mejores por su impunidad, y con el éxito arrastran a los débiles. El tribunal es una institución que, con el consentimiento de todos, arma a los buenos ciudadanos contra los que actúan poco cívicamente, y permite que se impongan como es debido y como, en el fondo, desean todos, y les da el medio de usar de autoridad frente a los culpables sin tener que recurrir a la «autoridad», es decir, sin soplonerías.

161

Además, cala la idea de que la disciplina existe en provecho de los alumnos y no de los profesores, y por tanto son los alumnos los que tienen que asumir la responsabilidad.

El grave problema de las sanciones se resuelve así de la manera más elegante. Lo que más perjudica la confianza de los alumnos hacia los profesores, lo que ocasiona más mentiras y crea el hábito de mentir, lo que enerva y descorazona más a los alumnos, son los desdichados castigos, encerronas y trabajos, impuestos a veces en un momento de arrebato, sin el debido equilibrio en cuanto a la severidad y a la frecuencia.

Cuando no funciona el tribunal, el sistema disciplinar del colegio se inclina hacia la indulgencia, advierte y anima antes de castigar, descubre la primera señal de buena voluntad para levantar el castigo y deja a veces que el alumno escoja él mismo la reparación más conveniente.

Pero ante los jueces es difícil mentir: los alumnos se conocen entre ellos demasiado bien. Las condenas pronunciadas por sus compañeros son mucho más temidas en general, porque no pueden escudarse en una opinión pública indiferente u hostil, como sucede cuando vienen de la autoridad profesional. Las intervenciones del tribunal son raras, y lo son cada vez más a medida que el tribunal lleva más tiempo de existencia.

Hay que hacer notar que los que no se fían de los jueces siempre pueden pasar a la «jurisdicción ordinaria», es decir, a la autoridad de los profesores, pero es una exención rara vez empleada...

Los profesores están satisfechos. Estiman que su influjo espiritual aumenta en proporción a la confianza que pueden depositar en los mayores respecto a la disciplina, y nada les alegra tanto como poder vivir en un grupo tan influido por su espíritu que puede prescindir de su intervención autoritaria.

Realmente la confianza es recíproca: queríamos hablar sólo de la confianza que intentábamos lograr de los alumnos, y hemos venido a parar a la confianza que les damos.

Sólo queda ya tratar expresamente de este segundo punto y explicar cómo enseñamos a nuestros alumnos a que a su vez se hagan dignos de merecer la confianza que nosotros depositamos en ellos.

10

EDUCACION PARA LA LEALTAD

Iniciar en el respeto a la ley, en el respeto a la verdad, en el respeto a sí mismo, es el ideal de todo educador. Pero pocas veces podemos felicitarnos de haberlo conseguido.

La atmósfera de anarquía en la que vivimos multiplica el número de inaprensivos, contrabandistas, aprovechados, insumisos. Hay quien dice que lo que desanima a los adolescentes de hoy es la desgana de intervenir en algo que se reduce a un vulgar chalaneo.

Por lo menos pienso que no existe, a este respecto, otro ambiente más desmoralizado que el de los estudiantes. La escuela es con demasiada frecuencia un sitio donde se miente, donde se falsea, o donde se vive sin estar en armonía con los superiores. Cuántas clases en las que se minimiza todo lo posible el esfuerzo por el trabajo, se menosprecia el interés, se goza cuando el profesor olvida dar trabajo o controlar la lección, y no digamos cuando se pone enfermo o se halla en dificultades. Y los mejores se hacen vergonzosamente cómplices de las tonterías y crueldades de los menos buenos. Aunque las desaprueben

en su interior, dejan hacer; una inconcebible satisfacción general saluda la aparición de cualquier desorden.

Y eso que se trata de la edad más generosa, la
edad más entusiasta, la edad idealista por excelencia,
la más propicia para iniciar en la lealtad.

De hecho hay que reconocer desde un principio
que muy pocos alumnos, realmente muy pocos, merecen confianza. Son raros los muchachos que desde pequeños han sido educados en este ideal. Antes todo
lo contrario, los alumnos que nos llegan, vienen de
ordinario con experiencias que les han habituado a
cerrarse, a disimular, a frenar pasiva y socarronamen-
te toda actividad positiva de grupo o todo esfuerzo
de trabajo. Con frecuencia, al comenzar el curso, hemos de lanzar campañas contra el «espíritu de cama-
radería» de quienes se aprovechan con gusto de las
facilidades que ofrece el colegio, sin dar a cambio
muestras de lealtad o de generosidad, contra el respeto
aparente de la regla acompañado del firme propósito
de saltársela en el momento en que nadie les ve.

Pero se equivocaría totalmente quien tomase pie
de esto para decir que no hay que darles confianza
porque no la merecen.

El educador decepcionado, que se las da de estar de vuelta «porque ya no se fía de los alumnos»,
no ha entendido ni media palabra de lo que significa
el sistema de confianza. Se equivocaría tanto al dar
confianza como al negarla.

Un verdadero educador sabe que hay que dar confianza, no porque los alumnos la merezcan, sino para

que aprendan a merecerla un día. En el colegio damos confianza, nos fiamos, porque sabemos que en este campo, igual que en tantos otros, la necesidad precede a la capacidad. Si el alumno se aficiona y desarrolla su sentido del honor, nos alegramos del éxito. Si falla, nos alegramos también de la ocasión que nos brinda para mostrarle su debilidad, cómo todavía tiene necesidad de disciplina, de apoyo y de consejos.

En vez de vigilar constantemente como en los internados clásicos para que no se produzcan infracciones, nosotros dejamos adrede ocasión en que se pueda faltar (en materias intrascendentes), nos oponemos a estructurar un reglamento tan perfecto que elimine toda iniciativa o excluya la posibilidad de fraude, y el grupo nunca marcha mejor que después de un abuso gracias al cual hemos tenido ocasión de mostrar a cada uno lo falso de la deslealtad, la responsabilidad de todos en la falta de uno solo y la necesidad de una vigilancia continua sobre sí mismo para evitar o reparar el mal.

Un reglamento demasiado severo encierra a buenos y a malos, a débiles y a fuertes, en un «techo» demasiado bajo para que a los mejores se les ocurra elevarse y en unas «paredes» demasiado fuertes para que los peores corran el riesgo de atravesarlas. Por muchas que sean sus negligencias y su pasividad, pueden descansar y dejarse llevar sin consecuencias. El que vigila, además, está ahí para intervenir a tiempo.

Es necesario, por el contrario, ensanchar todo lo más posible el horizonte para facilitar la manifestación del carácter propio, graduando la ayuda que se le presta según las necesidades que muestre.

Cuando se quiere enseñar a nadar a alguien, si se le abandona totalmente a su suerte, puede ahogarse; si se le agarra tanto que no corra el más mínimo riesgo, no aprenderá a nadar. Hay que administrarle constantemente un poco más de libertad de la que nos conste que emplea bien.

Se podría comparar el mal educador a un actor o a un orador que se dedicase a gesticular con energía y convicción, desde un tablado, ante unos alumnos repantingados en sillones, que le siguen con ironía y simpatía, le aplauden unas veces, bostezan otras, y sólo emplean su energía cuando llega el momento de irse.

Es el profesor el que se sienta a criticar y son los alumnos los que ofrecen el espectáculo. Desde abajo, desde una posición modesta y atenta, que es la que le corresponde, el educador les anima y les aconseja, les corrige y les aplaude, y el alumno repite hasta que llega a aprender.

Educación para la sinceridad

Descartemos primero una noción falsa de sinceridad. Nuestra época presume de autenticidad. Odia el formalismo y las convicciones. Pero con frecuencia es la suya una sinceridad *oratoria,* que consiste en decir todo lo que se piensa y en admitir todo lo que se siente.

Cuántas veces he oído decir a un adolescente actual: «Hay que ser sincero. He de reconocer que soy perezoso, que me alegro del mal de los otros, que me complazco en la melancolía, el rencor o la indiferencia frente a muchos de mis semejantes y aun de los más próximos. Este soy yo, pues así lo siento. Por esto ¿cómo voy a hacer el hipócrita dando muestras de sentimientos que no poseo? Me mostraré tal como soy».

Le contesto: tu sinceridad es falsa. Te examinas como un hecho, te describes como si fueses una cosa. Pero no es así, tú vales mucho más. Tú eres muy distinto de ése del que hablas, y la prueba está en que te sientes insatisfecho, desgraciado de ser así, te cuesta aceptarte.

La verdadera sinceridad, la única que me interesa, es aquella que persigues, la que se esconde tras las imágenes que te ofrecen tu sensibilidad o tu reflexión, la imagen que con tu trabajo y tu esfuerzo intentas sacar a flote desde lo más profundo de ti mismo.

Lavelle lo dice maravillosamente: ser sincero es mostrarse haciéndose; no es constatar, sino obrar. La verdadera sinceridad es un impulso a ser uno mismo, a crearse. No consiste primordialmente en la introspección o en el psicoanálisis (a base de hacer un inventario descubriríamos que podemos serlo todo).

La verdadera sinceridad nos lleva a conformarnos con nuestro deber, a ocupar un sitio en el mundo, a responsabilizarnos para intentar realizar lo que hemos de llegar a ser.

La educación para la sinceridad es, pues, una educación dinámica: creer que el ideal de superación es todavía lo más sincero que tenemos a pesar de nuestras debilidades y de nuestras vergüenzas, que podrían llevarnos a no descubrirlo.

Hay que explicar a nuestros muchachos que mientras un hombre permanece veraz, aunque tenga debilidades, es digno de infinito respeto, puesto que se sabe distinto de ellas, las denuncia y no las justifica. No se le puede ni despreciar ni agobiar, porque, a pesar de sus faltas, afirma la nobleza humana: continúa respetando el ideal y tiende a él aun reconociendo que no lo ha alcanzado.

Si miente, en cambio, significa que niega el ideal, que cubre y protege su falta contra el remedio, que toma partido en su favor y prefiere quedarse con lo que hace en vez de superarse prefiriendo lo que ha de llegar a ser.

La verdad es el aire que respira la personalidad para crecer.

Mentir es, en primer lugar, mentirse.

En los comienzos mentir es difícil: uno se pone encarnado, tiembla, se aturulla en sus mentiras. Para saber mentir hace falta engañarse a sí mismo, desfigurarse, arruinarse. El verdadero mentiroso no sabe decir la verdad. Hasta llega a no saber distinguir lo verdadero de lo falso. Miente sin querer. Cree a medias sus mentiras. No distingue lo verdadero de lo que no lo es. Dante, en su infierno, representa a los mentirosos como hombres sin rostro. No tienen nada personal. No se parecen a nada.

Ved el ejemplo del niño al que se le obliga a pedir perdón. El niño, supongamos, está todavía intacto. La triste disociación que nosotros conocemos bien, entre lo que se dice y lo que se piensa, no existe todavía en él. Se niega a pedir perdón porque sabe que si dice las palabras y hace los gestos de pedir perdón, él que es todavía tan bueno, tan inocente, el pobre, pedirá realmente perdón.

Este es el precio de la lealtad: la primera mentira es a la conciencia lo que el esmalte para los dientes. Cuando el esmalte desaparece, el cepillo de dientes puede poco.

Mentir a los otros es romper el contacto con ellos, es encerrarse en la soledad. En el primer momento, esa experiencia puede dar la sensación de riqueza. La tentación de atrincherarse, de excomulgarse, de condenarse, es extraordinariamente viva en el hombre, y el niño también puede experimentarla. El orgullo pretende precisamente bastarse, suprimir la comunicación y el intercambio, parapetarse en el aislamiento. Pero el hombre está hecho para la comunión. No subsiste más que en el intercambio y quien pretende hurtar su riqueza a los otros, pierde la suya.

La mentira impide que los otros confíen en nosotros. Aun lo verdadero se convierte en dudoso. Y qué horror que le tomen a uno por mentiroso. Decimos al niño: «Tu personalidad es todavía frágil, tan débil como tu cuerpo. Procura que no caiga sobre ti el peso intolerable de esa vergüenza total: que te llamen mentiroso». Mejor hablarle de la alegría de la confesión, de la tranquilidad indecible de haber dicho la verdad, de cómo el castigo es deseable y liberador en comparación con el remordimiento.

Condiciones para esta educación

La principal causa de las mentiras es la cobardía. Somos casi todos desleales por miedo. Nada exige tanto coraje como «obrar cuando se está solo como si nos vieran todos, y cuando se está a la vista de todo el mundo como si se estuviera solo» (Lavelle).

Un verdadero educador cultivará la independencia de carácter y comunicará ese ideal a los que quiere educar.

Dios no ha dado al hombre nada mejor que la libertad. Es un don superior al de la vida y los padres deberían observar y admirar en sus hijos las primeras manifestaciones del afán de independencia con la misma ilusión con que espían la primera sonrisa o la primera señal de que les conocen. ¿Qué serán los hijos luego si no son independientes? Un hombre de carácter es un hombre independiente, independiente de sus instintos, de sus sentimientos, de lo que le rodea y de los prejuicios. No obedece por miedo o por interés, ni —óiganlo las madres— por afecto, sino sólo por convicción.

En cambio, el que avanza con los otros, aunque se equivoquen, el que consulta la opinión pública para conocer la suya, el navegante a vela en espera del viento dominante, está maduro y preparado para cualquier traición.

¿Qué hacer para que nuestros hijos no practiquen esa repulsiva docilidad, para que lleguen a ser hombres de carácter, capaces tanto de resistir como de obedecer? En el colegio decimos que sólo tienen derecho a obedecer los que son capaces de desobedecer. Pero cuidado, ¡no confundamos cobardía con virtud! El que ha recibido una bofetada en la mejilla derecha no merece nada presentando la izquierda si no se ha sentido antes capaz de devolver la bofetada. El que es demasiado cobarde para desobedecer vale más que adquiera coraje para poder obedecer un día válidamente. Fénelon decía que no hay que hacer de los hijos almas deshuesadas.

Todo verdadero educador ama y busca la independencia. Cree que ha triunfado cuando descubre profundamente independiente al que ha educado; independiente y, sin embargo, dócil, amigo, agradecido, precisamente porque se ha independizado. No le obedece porque le tema o porque le ame, sino porque está profundamente influenciado por los principios que respeta y que el educador le ha enseñado a respetar.

Los niños, igual que los adolescentes, son muy sensibles e impresionables. Hemos de protegerlos contra nosotros mismos primero, para que no estén oprimidos por la fuerza de nuestra personalidad, contra ellos mismos luego y su exagerado deseo de agradar o de oponerse.

De hecho dos son las maneras cómo un ser puede mostrarse exageradamente influenciable. Primero, contestando con lo que cree que os agrada, adoptando vuestras ideas por afecto, y comportándose de manera que llegue a ganar vuestra aprobación. Tal conducta revela una grave falta de respeto a la verdad en el que se comporta así y en el educador que lo tolera. Hay que contar a nuestros muchachos rasgos de independencia de carácter, como éste de Foch, por ejemplo. Era un joven oficial todavía y, durante unas maniobras, el cuerpo de ejército que él dirigía había ganado la batalla. El general que presidía los ejercicios tácticos reunió a los jefes de ambos bandos y empezó criticando al adversario de Foch: «Amigo mío, su postura es evidente. Usted salió con una idea preconcebida. Esto en estrategia es lo último. Hay que fijarse en la realidad, observar el terreno, responder a las maniobras del adversario y no dejarse ahogar por la teoría». Luego, dirigiéndose a Foch, le dice amablemente: «Y usted, mi comandante, ¿cómo ha hecho para lograr esta brillante victoria?» «Mi general —dijo Foch—, tenía una idea preconcebida...»

He aquí una historia que prueba todo lo contrario. Para iniciar a sus estudiantes en el espíritu científico, un profesor de universidad reunió en una sala a sus alumnos para tomar parte en una experiencia. «Este vaporizador que tengo entre las manos —les dijo— contiene un perfume extremadamente sutil. Quisiera saber la cantidad exacta que he de vaporizar para que se perciba en la sala. Voy a vaporizar todas las veces que haga falta. Les ruego que en el momento en que perciban el olor cada uno vaya levantando la mano en silencio. Seguiré hasta que todos lo hayan percibido».

Primer golpe de vaporizador, silencio profundo, vacilación en el auditorio, y una o dos manos que se levantan tímidamente. Segundo golpe: se levantan más manos. Al cuarto o quinto golpe, todas las manos estaban levantadas. Entonces les dijo el profesor: «Señores, en el vaporizador no había nada. Acaban de demostrar ustedes un caso de falta de objetividad científica».

Pero hay otro servilismo frente al que hay que poner en guardia al muchacho y ante el que muchos se dejan llevar por tomarlo como un acto de independencia. Es la oposición sistemática y la contradicción permanente. Es el caso de tantos adolescentes. Hace poco, en el colegio, me decía uno de los mayores que se había propuesto hacer unos ejercicios espirituales en serio, pero al enterarse de que los ejercicios eran obligatorios había cambiado de parecer. Le contesté que no tenía por qué ser tan sensible a las determinaciones de los superiores, si el coincidir con ellos le obligaba a cambiar. Estar dispuesto a ir siempre en contra de lo que otro dice o hace, no tiene nada de independiente, es sencillamente depender continuamente de él. La aprobación de un superior ni tiene que hacernos cambiar de manera de pensar ni hacer que continuemos. La verdadera independencia está en la verdad, aunque la proclamen nuestros superiores.

Obstáculos

El mayor obstáculo respecto a la lealtad generalmente es el ambiente. Ser leal uno solo exige un heroísmo del que no todos son capaces. ¿Cómo gloriarse de una bandera de la que todos se ríen y sobre la que todo el mundo escupe? Para hacer posible la lealtad a nuestros muchachos hay que organizar la opinión pública, sensibilizarla, armarla y remover la timidez de los mejores para que se atrevan a afirmarse y a unirse.

Comenzad por una encuesta entre los muchachos en casa o en el colegio. Quedaréis maravillados al ver la sinceridad con que responden y cómo presentan problemas en los que ni habíais pensado. Preguntad: ¿crees que es necesario mentir?, ¿en qué ocasión se miente más: en casa, en clase?, ¿qué normas has determinado saltarte en el momento en que tengas oportunidad?, ¿qué sugerencias harías para lograr un trato más sincero entre profesores y alumnos?

Descubriréis toda clase de mentiras, desde la mentira-fantasía que nadie es capaz de creer, hasta la mentira que habría que llamar «de sinceridad»: lo que se hace debido a que no os creerían si dijeseis la verdad. Hay que discutir ampliamente con vuestros muchachos las mentiras de solidaridad y de servicialidad que se emplean para no «fastidiar» a un compañero. Veréis que existe toda una educación de la conciencia que no ha sido cuidadosamente cultivada. Y admiraréis sobre todo a vuestros hijos observando la buena fe, la generosidad, la sinceridad con que discuten sus mentiras.

Comprenderéis entonces que para mantener vivo el ideal de lealtad hay que crear un ambiente en el que esa preocupación se renueve y se ahonde constantemente por medio de campañas, de discusiones, de confidencias, de estímulos y, sobre todo, por los ejemplos de una minoría convencida.

La sinceridad interior ha de preceder a la sinceridad exterior. Nuestros muchachos con frecuencia faltan a la lealtad, a la fidelidad, a las normas o a los compromisos, porque no saben lo que quieren. Son juguete de voluntades contradictorias y no saben nunca con cuál están verdaderamente de acuerdo. Por ejemplo: ¿quieren o no quieren trabajar?, ¿quieren entenderse o quieren discutir? Es imposible disfrutar del placer de la paz y del placer de la discusión. Imposible ser sincero afirmando que se busca la una y permaneciendo demasiado sensible al atractivo de la otra. ¿Quieren conocer una verdadera independencia imponiéndose el respeto al derecho de los otros o harán necesario el recurso a la fuerza para cumplir el deber que han querido saltarse? Alternancia de insolencia y de miedo, de cobardía y de temeridad. Expliquémosles que no hay nada tan desfavorable para la formación de su personalidad.

En un afán de sinceridad hasta llegaremos a señalarles e invitarles a combatir las exageraciones del lenguaje, cosa tan frecuente hoy. Todo es «fantástico», «formidable», «extraordinario». Cuando hace falta alabar algo, no queda más remedio que decir que está bien.

Valor religioso de la sinceridad

Sólo hubo una clase de hombres ante la que Cristo no tuvo nada que hacer, los hipócritas. Los preceptos de Cristo son pobreza, desprendimiento, sencillez, sinceridad, pureza de corazón. Se oponen totalmente a la falsa y abundosa riqueza de la mentira.

Dios exige una sinceridad total. Ante él las máscaras se vienen abajo y las apariencias no sirven de nada. Nos revela un amor tan grande que permite renunciar al amor propio. Máscaras tras las que nuestros hijos y nosotros mismos disimulamos ansiosamente nuestra esterilidad interior, nuestra inconsistencia, nuestro vacío. Dios nos mira con un rostro tan humilde, tan paciente, tan sincero, que nos persuade dulcemente a que las abandonemos.

Creo que no hay mayor amor que poner ante un ser un rostro en el que pueda reconocerse y aceptarse. Por lo general, no nos amamos a nosotros mismos, no nos conocemos, nos aborrecemos, buscamos a toda costa una máscara que nos permita figurar en el mundo, protegernos contra los otros, aparecer, aunque sea engañando. Pensad en los adolescentes: cada semana estrenan una nueva máscara: la de la última película, la del último libro, la de la impasibilidad o el desprecio, la del hastiado o del genio, o el rostro de cera de los maniquíes de moda; se los prueban, los usan, los cambian sin encontrarse a sí mismos.

Hace falta la iluminación del amor para que alguien, a base de adivinación, de respeto, de fe en nosotros, de atención y ternura, invente nuestro rostro y sepa proponérnoslo. Entonces, en medio de una mezcla de humildad nueva, de sinceridad desconocida y de alegría, protestamos diciendo que no somos dignos, que no se nos conoce como somos, en nuestra miseria y nuestras mentiras, que se nos favorece demasiado, y empezamos a parecernos maravillosamente al que han adivinado en nosotros.

Amar a un ser es dirigirle la llamada más fuerte y más imperiosa, es poner en movimiento, en ebullición un ser oculto y mudo que no puede menos de surgir al conjuro de nuestra voz, tan nuevo que quien lo lleva no lo conoce, y tan verdadero, sin embargo, que no puede dejar de reconocerlo aunque sea la primera vez que lo ve.

Dios nos ama así. Dios nos llama así. Su amor es siempre creador. Y mi verdad sólo surge ante esa llamada. Mi verdad es lo que él me llama a ser por medio de sus pacientes invitaciones, sus tiernos cuidados, sus incansables agasajos. Yo no seré sincero hasta que no llegue a ser aquel a quien Dios ama, llama, nutre y suscita perpetuamente en mí.

Mi verdad es realizar mi vocación.